사이토 히토리

1%
부자의
대화법

사이토 히토리

1%
부자의
대화법

聞く力、話す力

사이토 히토리 지음 | **김은선** 옮김

매일경제신문사

알려드립니다

이 책에는 '신(神)'이 자주 등장합니다. 이는 '만물을 창조한 에너지' 혹은 '하늘의 태양과 같은
절대적으로 느껴지는 존재'를 상징적으로 의미하는 것으로, 그 어떠한 종교와도 관계가 없습니다.
저는 신은 사랑하지만, 종교에는 관심이 없다는 점을 여기에 밝혀둡니다.

유일한 존재에서 일류로 거듭나려면

이런 말을 들을 때가 있습니다.

"일류가 아니어도 괜찮다. 우리는 모두 유일한 존재다."

사람은 누구나 세상에 단 하나뿐인 존재입니다. 여러분도 저도 그 존재만으로 크나큰 가치가 있습니다.

누구나 그만한 이유가 있기에 세상에 존재하며, 없어도 되는 사람 같은 건 없습니다.

다만 저는 생각합니다.

유일한 존재도 당연히 대단하지만, 여기에 일류가 추가되면 더할 나위 없지 않을까?

상상만 해도 너무 멋져서 가슴이 두근거리지 않나요?

그렇다면, 어떻게 해야 일류가 될 수 있을까요?

그리 오래되지 않은 어느 무더운 여름날, 매미 떼의 울음소리가 소나기처럼 쏟아지던 시골길을 차로 달리다 불현듯 떠오른 생각이 있어 세상에 알려야겠다고 마음먹었습니다. 그것은 바로 유일한 존재인 당신이 매력까지 더해 일류가 되는 방법!

매력이 더해져 일류가 되려면 무엇부터 시작해야 할까요?

가장 좋은 출발점은 '인간관계'입니다.

우리의 삶은 타인과의 교류 없이는 성립하지 않습니다. 행복과 성공의 열쇠는 모두 '사람'이 쥐고 있다고 해도 과언이 아니지요.

인간관계의 질이 인생을 좌우하며, 인간관계를 보면 자신의 매력도를 쉽게 가늠할 수 있습니다.

그리고 인간관계에서 절대 빼놓을 수 없는 것이 바로 '대화'입니다.

매력은 듣고 말하는 태도에도 묻어나기에, 매력적인 사람은 조용히 듣고만 있어도 어딘가 모르게 빛이 납니다.

"안녕하세요", "그렇군요"처럼 흔한 말도, 매력적인 사람의 입에서 나오면 마음을 사로잡는 특별한 한마디가 됩니다.

이 책에서는 '매력 일류'로 유명한 최고의 부자인 사이토 히토리식 사고방식을 대화법의 관점에서 이야기합니다. 앞부분에서는 '말을 잘 듣는 경청의 방법'에 관해, 뒷부분에서는 '말을 잘하는 배려의 방법'에 관해 설명하겠습니다.

참고로 저는 '듣기와 말하기 사이에 우열은 없다. 모두 똑같이 중요하다'고 생각합니다. 그리고 들을 때도 말할 때도 오직 하나만 의식합니다.

그것은 바로 '사랑'입니다.

말을 들을 때도, 말을 할 때도 사랑을 품고 상대와 마주하면 만사가 순조롭습니다. 인간관계에서 헤맬 일이 없답니다.

사랑을 품고 사는 사람이 곧 '매력적인 사람'이라고 저는 생각합니다.

서론이 길어졌지만, 한 가지 더 말해두고 싶은 것이 있습니다.

저는 소통에 관해서뿐 아니라, 무엇이든 '방법론'을

공부한 적이 없습니다. 그래서 "방법을 하나하나 구체적으로 가르쳐줬으면 좋겠다"라는 기대에는 부응하기 어려울지도 모릅니다.

이 책의 목적은 어디까지나 '사이토 히토리는 이렇게 듣고 말해서 부자가 됐다'는 저의 인생 경험을 소개하는 것이므로, 제 방식이 자신과 맞지 않는다고 느끼는 사람이 있을 수도 있습니다. 만약 그렇다면 그대로 따르지 않아도 좋습니다.

다만, '히토리식 방법 괜찮네!'라고 생각되는 것이 이 책에서 단 하나라도 있다면 자신만의 방식으로 활용해보길 바랍니다. 제게 큰 기쁨이 될 것입니다.

사이토 히토리

차례

제3장 │ 가난을 부로 바꾸는 듣기의 진실

제4장 │ 분위기를 이끄는 부자의 말습관

제 1 장

부자가 되는 법

영원하고 무한한
사랑과 빛을 건넨다

○

    지금부터 '다른 사람의 말을 듣는 방법'에 관해 이야기하겠습니다. 그런데 그 전에 제가 생각하는 '사랑'에 관해 먼저 말하고자 합니다.

    저는 아주 어릴 때부터 '사랑'을 중요하게 여겼습니다. 언제나 나의 중심에는 사랑이 있었고, 그 밝은 빛을 단 한 번도 잊은 적이 없습니다. 물론 앞으로도 빛과 사랑을 간직한 채 살아갈 것입니다.

    예로부터 우리에게는 '말하지 않아도 알아줄 것이다'라는 사고방식이 뿌리 깊이 자리 잡고 있어서, '사랑'이라는 말로 자신의 감정을 표현하는 사람이 드물었습니다. 2020년대에 접어든 지금도 여전히 '사랑'이라는 말을 낯간지러워하는 사람이 적지 않은 듯합니다.

그러나 제게는 사랑이 그 무엇보다 중요하며, 가장 익숙한 감각입니다. 언제나 사랑과 함께 살아가고 있지요.

어째서 이토록 사랑에 집착하냐고요?

인간의 본질이 빛과 사랑이기 때문입니다.

세상의 생명 있는 모든 존재는 신으로부터 나눠 받은 영혼을 지니고 있습니다. 신의 에너지로부터 탄생한 혼이 우리 안에 깃들어 있다는 뜻인데요, 쉽게 말하자면 이렇습니다.

지구에는 드넓은 바다가 있지요? 그 바다가 신이라면, 바닷물을 한 방울씩 받아 태어난 존재가 이 지구상의 모든 생명체입니다.

인간을 비롯한 동물은 물론, 식물, 곤충에 이르기까지 모두가 신의 생명을 물려받은 '신의 자녀'인 셈이지요.

바닷물은 증발해 구름이 되고, 비가 되어 다시 바다로 돌아옵니다. 증발은 끊임없이 일어나지만, 바닷물은 절대 바닥을 드러내지 않습니다.

이와 마찬가지로, 지구상에 아무리 많은 생명이 탄생해도 신의 생명은 고갈되지 않습니다.

영원하고 무한한 생명이 곧 신이며, 그것을 아무 대가 없이 나눠주는 신은 사랑 그 자체입니다. 온 세상을 두루 비추는 태양처럼 환한 빛 같은 존재이지요.

신이 사랑과 빛 그 자체라면, 그 생명을 나눠 받은 우리의 본질 또한 당연히 사랑과 빛이어야 하지 않을까요?

이런 이야기가 잘 와닿지 않는다면, '저렇게 생각하는 사람도 있구나……'라는 정도로 받아들여도 좋습니다. 여하튼 저는 그렇게 믿는 사람이랍니다.

그런 저의 인생에는 셀 수 없이 많은 행운이 찾아왔습니다. 그것도 어이없을 만큼 너무도 쉽게 말입니다.

일본에서 가장 많은 세금을 내야 할 만큼의 부와 성공을 이루었습니다.

심각한 병을 얻어 몇 번이나 죽음의 문턱에 이르렀지만, 번번이 불사조처럼 생환하는 기적이 있었습니다.

함께 있으면 즐거움이 넘치는, 믿음직스럽고 따뜻한 동료들도 있었습니다.

사랑과 빛을 잊지 않는 저의 신실한 삶의 방식이 틀

리지 않았기에, 이 모든 행운을 거머쥘 수 있었다고 저는
확신합니다.

부자만의 경청법

○

부자에게서 공통으로 발견되는 '경청법'이 있다면 누구라도 알고 싶어 할 것입니다.

감사하게도, 저를 '일본에서 가장 성공한 사람', '일본 최고의 경영인'이라고 불러주는 사람들이 있으니, 성공한 부자로 불리는 사람 중 하나로서 나름대로 고찰한 바를 여기에 풀어보고자 합니다.

그 전에 먼저 말씀드려야 할 것이 있는데, 사실 저는 '부자만의 경청법' 같은 것은 알지 못합니다.

공개하는 것이 아까워서 숨기는 것이 절대 아닙니다. 만약 그런 것이 있다면 저야말로 배우고 싶답니다. 지금까지 살아오면서 그런 비결이 존재한다고 느낀 적도 없습니다. 적어도 저는 경청의 비결을 알지 못할뿐더러, 여러분과 크게 다르지 않은 방법으로 상대의 말을 듣습니다.

그렇다면 어떻게 해서 제가 일본에서 세금을 가장 많이 내는 사람이 될 수 있었을까요?

제가 남과 다르지 않다면, 세상 사람 모두 큰 부자가 되고 행복해져야 하는데 말이지요.

그 차이는 바로 '사랑'에서 비롯된다고 저는 생각합니다.

결국에는 '사랑으로 충만한 삶을 사느냐, 그렇지 않느냐'로 모든 것이 귀결됩니다. 상대가 느끼도록 사랑의 기운을 발산하는 것 말고 다른 방법은 없습니다.

굳이 말하자면, '사랑으로 상대의 이야기를 듣는 것'이 저의 유일한 비결입니다.

다만 저는 차원이 다른 크기의 사랑을 지니고 있는 것 같기는 합니다. 그도 그럴 것이, 사는 동안 오로지 사랑만 생각했으니까요.

사랑에 관해서만큼은 그간 쌓인 연륜도, 들인 노력도

남다르다고 자부할 정도로 사랑을 중요하게 여겨왔습니다.

물론 상대의 말을 들을 때뿐 아니라, 일상 속 크고 작은 모든 일에 사랑을 담습니다. 심지어 숨 쉴 때조차,

'지구에 존재하는 깨끗한 산소 덕분에 이렇게 살아 있을 수 있구나!'

'숨쉴 수 있는 건강한 몸이 있어서 얼마나 다행인가!' 하고 감사하고 또 감사합니다. 물론 숨을 들이쉬고 내쉴 때마다 이렇게 되뇔 만큼 피곤하게 살지는 않지만, 무엇을 생각하든 그 바탕에는 사랑이 있으며, 어떤 일을 하든 사랑을 출발점으로 삼는 것이 저라는 사람입니다.

이처럼 사소한 일에도 사랑을 담으니, 상대의 말을 들을 때는 얼마나 큰 사랑을 쏟아부을지 상상이 되나요? 자랑이랄 것도 없지만, 사랑을 주는 것만큼은 자신 있답니다.

이런 제가 '잘 들어주는 사람'이라는 말을 듣는다면, 그 비결은 오로지 '사랑으로 듣는 것'뿐입니다.

바로 이것이 제가 '부자의 경청법'에 관해 고찰하고 얻은 답입니다.

진정한 사랑은
통제할 수 없다

○

서두에서 '인간관계를 보면 자신이 얼마만큼 매력 있는 사람인지 가늠할 수 있다'고 말했습니다.

'그럼, 사람을 대할 때만 사랑을 표출하면 되는 것 아닌가?' 하고 생각할지도 모르지만, 안타깝게도 사랑은 그렇게 마음대로 조절할 수 있는 것이 아닙니다. 스위치처럼 켰다 껐다 할 수 없는 것이 바로 사랑입니다.

사랑은 자신의 의지와 상관없이 새어 나오기 때문입니다.

사랑을 아는 사람은 언제 어디서나 자기도 모르게 사랑이 흘러넘칩니다. 사랑으로 경청하는 사람은 예외 없이 매 순간 주위 사람에게 진한 애정을 느끼게 하지요.

반대로, 사랑을 잊은 사람은 어떤 상황에서도 사랑을 제대로 표현하지 못합니다. 다른 사람의 말을 들을 때는 물론 그 어떤 순간에도 애정이 느껴지지 않을뿐더러, 언뜻 사랑처럼 보이지만 어딘가 어긋난 '가짜 사랑'을 드러내기도 합니다.

때와 장소에 따라 사랑을 조절한다는 것은 어불성설입니다.

기적과 기회를 끊임없이 끌어당겨 성공한 사람들은 이처럼 그 삶의 방식부터 남다른 면이 있답니다.

그렇다고 해서 인생이 잘 풀리는 사람이 모두 경청의 달인인가 하면, 꼭 그렇지만은 않습니다.

애초에 '경청'의 정의부터가 명확하지 않습니다. 무엇을 기준으로 '잘 들어준다'고 해야 하는지가 모호하다는 말입니다.

예컨대, 첫 만남에서 '이야기를 참 잘 들어준다'고 느꼈던 상대도 만남이 거듭될수록 처음과는 다른 모습을 보이기도 합니다. 들어주는 태도는 훌륭한데, 어쩐지 그 앞에서는 마음이 열리지 않는 사람도 있지 않나요?

이런 사람은 아무리 듣는 태도가 좋아도 '잘 들어주는 사람'이라고 하기 어렵습니다.

반면, 듣는 태도는 지극히 평범하지만, 그 사람 앞에만 서면 있는 그대로의 자신을 보여주게 되는 경우도 있지요. 만나면 마음이 편하고 믿음이 가서 어느새 마음을 활짝 열고 이야기를 쏟아내게 됩니다. 듣는 힘이 보통이 아닌 것이지요.

이런 사람에게는 틀림없이 사랑이 있습니다. 보통 사람과는 다른 사랑의 기운이 느껴지기에 안심하고 믿을 수 있는 것입니다.

그런 사람이 당신의 말을 들어줄 때만 선택적으로 사랑을 발산할까요? 아니, 그렇지 않을 것입니다.

언제나, 어디서나, 누구에게든 따뜻한 사랑을 나누는 매력적인 사람이기에, 모든 이에게 사랑받으며 '이야기를 들려주고 싶은 상대'가 되는 것입니다.

제가 말하는 '진정한 매력'은 바로 이런 사람에게 나옵니다.

마음의 깊은 곳에
빨리 다가간다

○

'사랑으로 듣는다'는 말이 너무 추상적이어서 잘 이해되지 않을지도 모르겠습니다.

사랑을 표현하는 방법은 사람마다 다르며, 같은 사람이라도 놓인 상황에 따라 달라지기도 합니다.

모든 상황을 일일이 설명하기는 어렵지만, 일례로, '상대가 진짜 말하고자 하는 것이 무엇인가?'에 초점을 맞추는 것도 사랑으로 듣는 방법이 될 수 있습니다.

저는 나만의 경청 방법이 있다면 무엇일까 곰곰이 생각한 끝에 찾아낸 것이 있습니다. 그것은 '이야기의 핵심'을 빠르게 파악하기 위해 노력한다는 점입니다.

상대가 가장 전하고 싶어 하는 내용, 알아주길 바라

는 점을 빠르게 잡아낸 다음, 그 마음에 다가가는 것입니다.

처음부터 대뜸 속마음을 보여주는 사람은 흔치 않습니다.

특히 동양 문화권에서는 겸손과 겸허를 중시하고, 상대의 감정이 상하지 않도록 에둘러 표현하는 것을 미덕으로 여겨왔습니다.

이 때문에, 상대의 말을 처음부터 끝까지 전부 이해하려 들면 작은 표현 하나하나에 신경이 분산돼 핵심을 파악하기가 어렵습니다.

그래서 저는 더 깊은 곳을 들여다봅니다. 마음의 소리를 듣는다고 해도 좋을 것 같네요.

'단어를 신중하게 고르며 완곡하게 표현하고 있지만, 정말 하고 싶은 말은 이것이구나!'

'얼굴은 웃고 있지만, 마음은 울고 있지 않은가!'

이렇게 나와 마주한 사람의 마음을 헤아리는 데에 최대한 에너지를 집중합니다.

이것이 마치 '고도의 테크닉'처럼 보일지 모르지만, 그렇지 않습니다.

사랑을 품으면 자연스럽게 상대의 마음이 보입니다.

사랑을 간직한 사람은 상대의 이야기를 귀가 아닌 마음으로 듣습니다. 저도 그렇습니다.

'상대의 이야기를 마음으로 받아들인다'고 생각하면 이해하기 쉬울 것입니다.

처음에는 누구나 서툴기 마련입니다. 상대가 정말 하고 싶은 말이 무엇인지, 마음으로 듣는다는 것이 어떤 것인지 잘 이해되지 않는 것이 당연합니다.

그런데 신기하게도, 상대의 마음에 집중하다 보면 마치 양파의 속살이 한 꺼풀 한 꺼풀 벗겨지듯 이야기의 핵심에 다가가게 됩니다. 그렇게 점점 선명해지는 무언가를 발견하게 되는 것이지요.

바로 그 순간, 상대를 바라보며 "그렇구나"라고 말하면 어떤 일이 벌어질까요?

별것 아닌 이 한마디에 사랑이 실려 말로는 다 못 할 따뜻한 교감이 이루어진답니다.

당신의 사랑을 전달받은 상대는 '이해받았다'는 기쁨과 안도감으로 충만해질 것이며, '이 사람에게는 어떤 이야기든 해도 될 것 같다'라는 믿음이 생겨 마음을 활짝 열게 될 것입니다.

모두가 꿈꾸는 '경청의 비법'이란 이런 것이 아닐까
요?

"

사랑을 품으면 자연스럽게
상대의 마음이 보입니다.
사랑을 간직한 사람은 상대의 이야기를
귀가 아닌 마음으로 듣습니다.

"

'존중'과 '이해'는
전혀 다르다

○

원만한 인간관계를 위해서는 '공감'이 필수라고 합니다. 소통을 할 때는 상대의 말에 공감하는 것이 중요하다고 말이지요.

물론 지당한 말입니다. 앞서 '마음으로 듣고 공감하는 방법'에 관해 이야기했듯, 저 또한 '공감'이라는 사랑의 표현을 중요하게 여깁니다.

하지만, 현실에서는 이것이 생각처럼 되지 않을 때가 있습니다. 특히, 그다지 좋아하지 않는 상대에게 공감하기란 정말 쉽지 않지요.

그렇다면, 공감하기 어려운 상대와는 어떻게 소통해야 할까요?

저의 지론은 '싫은 사람과는 어울리지 않는 것이 상책이다'입니다.

'싫다'라고 할 정도가 아니어도, 적당히 거리를 두는 것이 현명합니다.

'왠지 불편하다' 정도의 단계에서 거리를 두면 감정이 더 나빠지지는 않을 테니 말이지요. 혐오감으로 발전하기 전에 관계를 정리하면 사람이 싫어지는 일 자체가 일어나지 않습니다.

사람이 싫어지는 가장 큰 이유는, '어쩐지 나와는 맞지 않는 것 같다'라는 직감을 무시하거나, '사소한 이유로 사람을 멀리하는 것은 옳지 않다'라고 자기에게 인내를 강요하며 관계를 지속하는 것입니다.

마음이 맞지 않는 상대에게 공감하지 못하는 것은 당연한데도, 본능을 거스르려 보니 부작용이 생기는 것입니다. 상대가 싫어지는 것은 시간문제인데도, 참고 참다 결국 증오로 발전하는 경우마저 있습니다.

사람을 미워하면 자기 자신까지 피폐해집니다. 증오심에 지배당하면 부정적인 기운에 휘말려 인생이 지옥으로 변해버립니다.

이 점을 기억해야 합니다.

'저 사람에게도 좋은 면이 있을 것이다', '잘 찾아보면 공감 포인트가 있을 것이다'라며 자기를 몰아세워서는 안 됩니다.

그리고 또 하나, 이 역시 비슷한 이야기입니다만,

"다른 사람의 이야기를 듣다 보면, '그게 아닌데', '나라면 그렇게 하지 않을 텐데' 하고 반박하고 싶은 마음만 들어요. 저의 이런 못된 성격이 싫습니다", "타인을 존중하지 못하는 저의 미숙함 때문에 괴롭습니다"라며 고민하는 사람을 보곤 합니다.

그런데, 이런 고민에는 근본적인 오류가 있습니다.

바로 '존중'과 '이해'를 혼동하고 있는 것입니다. 이 둘은 언뜻 비슷해 보이지만, 실은 전혀 다른 개념입니다.

'존중'이란, 쉽게 말하면 이런 것입니다.

'내 생각과는 다르지만, 저렇게 생각할 수도 있지!'

'자신이 좋은 대로 살면 그만이지!'

상대의 생각이 '이해'되지 않더라도, 위와 같이 받아들이는 것으로 충분합니다. 이것이 존중이지, 자기 생각을 버려가며 상대에게 맞추는 것은 진정한 존중이 아닙니다.

스스로를 속일 필요는 없습니다. '저런 생각도 있는 거지' 정도의 가벼운 마음으로 넘기면 됩니다. 상대의 생각을 군이 이해할 필요도, 부정할 필요도 없습니다.

상대에게 무조건 동의해야 한다는 착각에 빠져 있으니, "그렇지 않다!" 하고 마음이 반기를 드는 것입니다.

당신의 마음도 당신에게 인정받고 싶어 합니다. 자신의 감정은 억누른 채 상대에게만 맞추려고 하니 마음이 신음하는 것입니다.

한 번쯤은 '나와는 다르지만, 저런 생각도 나쁘지 않네~' 하고 적당히 흘려들어 보세요.

장담컨대, 마음이 한결 편안해질 것입니다.

이야기를 들어주는 것 자체가 상대의 의견을 존중하는 사랑, 하고 싶은 말을 하게 해주는 사랑입니다.

나아가, 그 사람이 정말 전하고 싶은 뜻이 무엇인지 정확히 헤아려 그 마음에 다가간다면 그보다 더한 사랑은 없을 것입니다.

이렇게 할 수 있는 사랑을 지닌 사람은, 자신과 다른 생각을 지닌 상대도 쿨하게 존중할 수 있을 것입니다.

"

당신의 마음도

당신에게

인정받고 싶어 합니다.

"

사람을 좋아하는 사람이
잘 듣는 사람이 된다

○

저는 사람을 정말 좋아합니다. 남다른 인간애를 지녔다고나 할까요.

그래서 사람을 만나면, 어떤 삶을 살아왔는지, 어떤 일을 하고, 무엇을 좋아하는지, 호기심이 마구 샘솟습니다.

이 세상에 다른 누군가와 똑같은 인생을 사는 사람은 단 한 명도 없습니다. 어떤 상대라도 내가 하지 못한 경험을 했고, 영화로 만들어도 좋을 인생 드라마를 지니고 있습니다.

내가 모르는 세상과 만나는 일은 참으로 즐겁습니다.

그래서 대충 한 끼 때우려고 들른 식당에서도 어느새

점원과 이야기 삼매경에 빠지곤 합니다. 시골로 자동차 여행을 떠나면 그곳에서 마주친 농부와 시간 가는 줄 모르고 이야기꽃을 피우지요.

처음 만나는 사람에게 무엇이 그리 궁금하냐는 이야기를 자주 듣습니다만, 처음 만나는 사람이기에 더욱더 알고 싶은 것이랍니다. 그만큼 사람을 좋아하는 것이지요.

겉으로만 관심 있는 척하거나, 환심을 사려는 속셈이 있어서도 아닙니다. 그 사람의 인생이 너무너무 궁금해서 이야기를 듣지 않고는 못 배기는 것뿐입니다.

이런 저는 "이야기를 참 잘 들어준다"라는 칭찬을 자주 듣습니다.

저 자신은 그렇게 생각한 적도 없거니와, 특별한 테크닉을 발휘한 적도 없는데, "당신과는 온종일 이야기할 수 있을 것 같아요", "이거 참, 히토리 씨에게는 뭘 못 숨기겠네요"라는 말을 매번 듣는답니다.

그 이유는 당연히 사랑이겠지만, 사람을 좋아하는 저의 기질도 한몫하지 않을까 합니다.

사랑이 흘러넘치는 데다, 상대에 대한 관심까지 어마어마하니, 그 상승효과로 경청의 달인처럼 보이는 것인지도 모르겠네요.

생각해 보면, 사람을 좋아하는 기질도 다름 아닌 사랑입니다. 좋아하는 마음이 곧 사랑이니까요.

사람을 좋아하는 사람에게 다른 사람의 이야기는 아무튼 재미있습니다.

맞장구 하나에도 자연스럽게 진심이 담기고, 한마디를 들으면 질문이 꼬리를 물고 떠오릅니다.

이렇듯 사람을 좋아하는 기질은 사랑을 증폭시킵니다. 이 정도면, 저를 좋아하는 사람이 어째서 그렇게 많은지 설명이 됐을까요?

만약 사랑을 표현하는 방법을 잘 모르겠다면, 반대로 '다른 사람에게 관심을 기울이는 것'부터 시작하면 됩니다.

사람에 대한 관심이 차오르면, 자연히 사랑도 커질 것입니다.

즐기면
경청하는 힘이 커진다

○

앞서 말한 것처럼 저는 호기심이 왕성해서 궁금한 것이 생기면 눈으로 보고 귀로 들어야 직성이 풀립니다. 그래서 책과 영화도 무척 좋아합니다. 어렸을 때부터 그야말로 책벌레였고, 영화도 하루에 서너 편씩 관람하곤 했답니다.

책과 영화는 제 인생에서 경험하기 힘든 일들로 가득합니다. 불과 몇 시간 만에 수백, 수천의 인생을 간접 체험할 수 있지요. 정말이지, 그렇게 재미있을 수가 없습니다.

그래서 공부는 뒷전으로 미루고 닥치는 대로 책을 읽고 영화관에서 살다시피 했답니다. 세월이 흘러 어른이

된 지금도 그 열정이 사그라들기는커녕 미지의 세계에 대한 호기심은 점점 더 커지는 듯합니다.

다른 사람의 삶을 보고 듣는 것이 제게는 최고의 여가생활인 셈이지요.

호기심은 자연발생적이라고 생각하는 사람이 많은 듯합니다. 타고나는 기질이라서 후천적으로 기르는 것은 불가능하다고 말이지요.

하지만, 마음만 먹으면 호기심도 얼마든지 키울 수 있습니다. 그것도 누구나 따라 할 수 있는 쉬운 방법으로요.

그 방법은 바로 '스스로 즐기는 것'입니다.

제가 보기에 사람들은 너무 참고 사는 것 같습니다. 집에서도 일터에서도 어째서 그토록 자기 자신에게 인내를 강요하는 걸까요?

바로 그 인내심이 호기심을 앗아가는 주범인 줄도 모르고 말이지요.

즐거운 일을 단 하나라도 하면 호기심은 저절로 생겨납니다.

우리가 이 세상에 태어난 이유는 즐거운 일을 함으로

써 영혼을 갈고닦기 위함이기 때문입니다.

아버지이자 어머니와 같은 신을 조금이라도 닮아가기 위해 영혼을 성장시키는 것입니다.

사람들은 "아버지의, 어머니의 모습을 닮고 싶다"라는 말을 하곤 하는데, 여기서 '아버지, 어머니'는 통속적으로는 낳아주신 부모를 가리키지만, 영적으로는 그보다 훨씬 높은 곳에 있는 신과 같은 존재를 뜻합니다.

신과 더 가까워지고 싶어서, 더 큰 사랑을 품고 싶어서, 이 세상에서 할 수 있는 모든 일을 즐길 테다!

이러한 염원이 우리의 영혼에 새겨져 있기에, 사람은 누구나 즐거운 일을 좋아합니다. 즐기는 행위 자체가 인간의 본능인 셈이지요.

즐거운 일을 하면 가장 먼저 자신의 영혼이 기뻐합니다.

이는 곧 영혼의 성장을 의미하기에, 즐거운 일을 더 하고 싶고, 또 어떤 즐거운 일이 있을지 궁금해집니다. 자연히 호기심도 커지겠지요?

'내가 모르는 세상에서는 어떤 일이 일어나고 있을까?', '사람들이 어떤 일을 좋아하는지 들어보고 나도 한

번 도전해 볼까?' 하는 호기심이 일어 이야기를 듣는 일
이 점점 더 재미있어집니다.

즐기기 시작하면 호기심이 커지는 것은 물론이거니
와, 사랑도 깊어지고 매력도도 높아집니다.

당연히 듣는 힘도 점점 더 커질 것입니다.

요령보다 더 중요한 것이 있다

○

　상대에게 호기심을 가지면 그 사람에 관해 더 알고 싶고, 더 많은 이야기를 듣고 싶어지기 마련입니다. 당연히 사랑도 저절로 흘러나오겠지요. 사랑이 전해지면, 굳이 테크닉을 발휘하지 않아도 상대는 기분 좋게 이야기할 것입니다.

　맞장구를 칠 때도 복잡하게 생각할 필요 없습니다. '바로 지금!'이라고 느껴지는 순간에 고개를 끄덕이는 것만으로도 충분합니다.

　사랑을 품으면 작은 리액션 하나에도 사랑이 담깁니다. 어떤 타이밍에 어떤 식으로 맞장구를 치든 엇박자가 날 수 없습니다.

사랑을 간직한 사람은 똑같이 맞장구를 쳐도 '기운을 북돋우는 말', '기분이 좋아지는 말'을 무의식적으로 선택합니다.

"그것참 좋은 생각이네!"

"멋지다!"

"재밌겠다!"

"덕분에 새로운 걸 알았네!"

"진짜 최고다!"

이렇게 상대가 신이 나서 더 많은 이야기를 하고 싶도록 호응합니다. 당연히 대화는 더욱 무르익겠지요.

말에는 그 의미와 같은 값의 에너지가 담겨 있습니다.

즉, 좋은 말에는 '좋은 기운'이, 나쁜 말에는 '나쁜 기운'이 깃들어 있습니다.

좋은 기운을 지닌 말을 쓰면 말을 하는 사람이나 듣는 사람이나 모두 기분이 밝아집니다.

그 자리의 공기마저 밝은 에너지로 바뀌지요.

이렇게 좋은 기운을 주고받으면 어느 순간 기발한 아이디어가 떠오르기도 하고, 즐거운 발상, 흥미로운 정보가 쏟아집니다. 서로에게 득이 되는 대화가 이루어지는 것이지요.

인간관계의 기본은 사랑을 주고받는 것입니다.

이렇게 중요한 사랑을 무시하고 테크닉에만 매달리니, 마음이 제대로 전달되지 않고 오해가 쌓여서 인간관계가 어려워지는 것입니다.

꼬여버린 인간관계를 또다시 잔기술로 풀려 들면 어떤 결과가 기다릴지는 굳이 설명하지 않아도 될 것입니다.

사랑만 있으면 테크닉 따위는 신경 쓰지 않아도 최고의 인간관계를 맺을 수 있으니, 이보다 쉬운 방법이 어디에 있을까요?

테크닉에 욕심내기보다, 먼저 사랑을 떠올리세요.

그 사랑을 키워가다 보면 어느새 경청의 달인이 돼 있을 것입니다.

제 2 장

부를 키우는
진정한 경청의 힘

인간의 영혼은
사랑이 있는 곳에
머물고 싶어 한다

○

"남성과 여성은 사고회로가 근본적으로 다르다."

"젊은 사람과 나이 든 사람은 서로 이해하기 어렵다."

우리는 이런 말을 오랫동안 들어왔습니다.

단편적으로는 맞는 말일 수도 있지만, 근본적으로는 남녀노소 누구나 같은 인간일 뿐입니다. 성별, 나이, 나고 자란 장소와는 무관하게 우리는 모두 신의 자녀입니다.

인간의 본질인 영혼은 사랑을 좋아하고, 사랑을 원합니다. 사람이라면 누구나 사랑이 있는 곳에 머물고 싶어 하지요.

세상은 넓고 다양한 사람이 존재합니다. 개중에는 사랑을 거부하는 사람, 사랑을 증오로 돌려주는 사람도 있습니다. 하지만 그것은 영혼이 시키는 일이 아닙니다.

이들의 마음속 어딘가에도 사랑이 자리 잡고 있답니다.

단지 사는 동안 힘들고 괴로운 일이 너무 많아서, 그것이 상처로 남아 사랑이 가려진 것뿐입니다. 사랑에 찌든 때가 덕지덕지 엉겨 붙어서 보이지 않게 된 것뿐입니다.

마음에 엉겨 붙은 때는 깨달음을 얻을 때마다 조금씩 벗겨집니다.

사는 동안 말끔히 벗겨지면 그보다 좋은 일은 없겠지만, 이번 생에서 다 벗겨내지 못해도 다음 생이 있으니 걱정하지 않아도 됩니다. 다음 생에 또 실패하더라도, 그다음 생이 기다리고 있답니다.

우리의 영혼은 영원불멸하기에 몇 번이고 다시 태어날 수 있으니까요.

인간의 육체는 소위 '내구연한'이 있어서 수명이 다하면 죽음을 맞이합니다. 하지만, 영혼은 영영 소멸하지 않습니다.

이번 생에서의 죽음은 다음 생에서의 탄생을 뜻합니다. 우리는 전생에서 얻은 깨달음을 고스란히 간직한 채 현생에 태어났으며, 이번 생에서 배운 것은 다시 다음 생으로 이어집니다.

영혼은 끊임없이 이어진 길고 긴 길을 걸어갑니다.

그러니 걱정하지 마세요. 사랑을 잠시 잊고 사는 사람도 언젠가는 반드시 사랑을 되찾아 행복해질 테니까요.

이 같은 섭리를 알면, 사랑이 없는 사람을 보게 되더라도,

'이 사람은 한창 배우는 중이구나. 사랑으로 지켜봐 줘야지'

하고 관대하게 넘어갈 수 있습니다.

이런 마음가짐으로, 사랑이 결여된 사람과는 한 걸음 떨어져 깊은 관계를 맺지 않는 것이 서로를 위한 최선이라고 저는 생각합니다.

"

영혼은 끊임없이 이어진

길고 긴 길을 걸어갑니다.

걱정하지 마세요.

사랑을 잠시 잊고 사는 사람도 언젠가는

반드시 사랑을 되찾아 행복해질 테니까요.

"

흥미가 없으면
잘 듣지 못한다

○

상대의 말을 귀 기울여 듣고 싶지만, 나도 모르게 자꾸만 다른 생각을 하게 될 때가 있습니다.

상대의 이야기에 집중하고 있다고 생각했는데, 한 귀로 들어와 한 귀로 빠져나갈 때도 있지요.

만약 이런 일이 유독 자주 일어난다면, 그건 단지 당신의 성향이 그럴 뿐입니다.

생각이 꼬리에 꼬리를 물고 떠올라 머릿속이 항상 번잡한 사람이 있습니다. 온갖 생각으로 머릿속이 꽉 차 있으니, 다른 사람의 이야기가 잘 들어오지 않는 것도 당연합니다.

이것이 나쁜 것만은 아닙니다. 개성은 타고나는 것이

므로, 뜯어고치기보다는 살리는 길을 찾는 것이 바람직합니다.

개성은, "그것을 잘 활용하면 행복해질 것이다" 하고 신이 인간에게 하사한 선물입니다. 우리를 유일하게 하는 무기이자, 갈고닦아 제대로 사용하면 그야말로 일류의 매력 포인트가 됩니다.

이토록 귀한 선물을 단점으로 치부하고 버리려는 사람들이 저로서는 도저히 이해되지 않습니다. 볼 때마다 안타깝고 아까울 따름입니다.

모름지기 개성이란 '살리는 것'이라는 전제가 깔려 있기에, 고치고 싶다고 해서 고쳐지는 것도 아닙니다. 고치기보다는 살리는 길을 찾는 편이 훨씬 쉽고 빠릅니다.

개성을 잘 살려 최고의 매력에 도달하면 인생이 격변합니다. 운세가 대반전을 맞이하는 것이지요.

한편, 성향으로나 상황으로나 아무런 문제가 없는데도 상대의 말이 좀처럼 머리에 들어오지 않을 때가 있습니다.

그 이유는 단 하나. 상대의 이야기가 재미없기 때문입니다.

생각해 보세요. 마음에 여유가 없어도, 흥미로운 이야

기에는 나도 모르게 귀가 쫑긋 서지 않나요?

"내가 지금은 좀 바빠서 나중에 들을게"라는 말은 절대 나오지 않지요.

하지만, 여유로운 마음으로 이야기를 들을 만반의 준비가 돼 있는데도 귀에 들어오지 않는 것은, 당신이 조금도 흥미를 느끼지 못하기 때문이라고밖에 설명할 길이 없습니다.

이를 불쾌히 여긴 상대가 "말을 하면 좀 들어라!" 하고 핀잔을 주면, "재미없는 걸 어쩌냐!" 하고 맞받고 싶어지지요.

이렇듯 상대가 흥미를 느끼지 못하는 이야기를 하면, 제아무리 경청의 달인이라도 귀 기울이기 어렵습니다.

조금 다른 이야기지만, 상대를 위해 하는 말이라면서 자기 생각을 강요하는 것만큼 재미없는 이야기도 없습니다.

'너를 위해서'라는 말이 그럴싸하게 들리지만, 정말로 그 사람의 행복으로 이어질지는 알 수 없습니다.

만약 상대의 말이 자신에게 전혀 도움이 되지 않을

것 같다면, 듣지 않아도 됩니다.

　이럴 때 저는 "좋은 말씀 고맙습니다"라고 정중히 대답만 하고, 그 사람의 말은 절대로 듣지 않습니다.

모든 것을 들으려는 욕심에
중요한 이야기를 놓친다

○

교장 선생님의 훈화 말씀, 직장 상사의 잔소리는 한결같이 길고 지루합니다. 술자리에서도 맥주잔의 거품이 다 꺼지도록 긴 건배사를 늘어놓는 사람이 있는데, 제발 그러지 좀 말았으면 좋겠습니다.

그래서 저는 어떤 자리에서든 한마디 해달라는 부탁을 받으면, 정말로 한마디만 하고 맙니다. 사람들이 "벌써 끝난 거야?" 하고 어리둥절해할 만큼 짧게.

특히 건배사는 그 정도가 딱 좋아요.

상대의 말이 너무 길어서 듣고 있기 힘들 때는 재빨리 화제를 전환하는 것이 최선입니다.

또는 적당한 타이밍에, "급한 일이 있어서 먼저 일어

서겠습니다", "중요한 전화가 걸려 와서 실례하겠습니다"라는 말로 자연스럽게 대화를 마무리하는 방법도 있지요.

수다스러운 사람의 이야기는 들어주기 시작하면 한도 끝도 없습니다. 절대 마음이 약해지면 안 됩니다.

회의 시간에 상사가 고리타분한 이야기를 하염없이 늘어놓는다면, 저라면 입을 한껏 벌리고 하품을 하거나 지루해서 못 견디겠다는 표정을 지을 것 같습니다. '그 이야기 지루하다고요!'라는 사인을 온몸으로 보내는 것이지요.

승진에 지장이 있을까 봐 그렇게는 할 수 없다고요?

이 정도 일로 역정을 내는 상사라면 당신의 앞날은 불을 보듯 뻔합니다. 싫은 사람 때문에 정신이 피폐해질 바에야, 이직이나 독립을 고려하는 편이 훨씬 낫지 않을까요?

부처님도 말씀하셨습니다.

"친절도 사람을 봐가며 베풀어라"라고요.

갑질하는 상사, 억지 부리는 상대에게는 분명한 태

도로 싫다는 의사를 표시하고, 비위를 맞추지 않아도 됩니다.

충분히 들을 만한 이야기도, 말이 길어지면 잘 전달되지 않습니다. 장황한 이야기는 머릿속에 남지 않는 것이 당연합니다.

이런 것도 모르면서 높은 자리에 있어봤자 미움만 받을 뿐입니다. 이런 의미에서, 말이 길다는 것을 알려주는 것도 상사에 대한 사랑이라고 할 수 있습니다.

직장뿐 아니라 어떤 상황에서든 길게 말하지 않아도 의도를 충분히 전달할 수 있습니다. 한 시간 동안 떠들어도, 핵심을 말하는 시간은 기껏해야 1~2분밖에 되지 않습니다.

듣는 사람은 이 부분만 놓치지 않으면 됩니다.

처음부터 끝까지 전부 들으려고 하니 주변 내용에 정신이 분산돼 정작 중요한 핵심을 놓치고 마는 것입니다.

조금은 과한 리액션이
적당하다

○

제 딴에는 귀를 쫑긋 세우고 듣는데도, '듣고 있는 거야?'라는 의심의 눈초리를 받는 사람들이 있습니다.

잠시 딴생각을 했다면야 억울해할 것도 없겠지만, 열심히 듣는데도 저런 소리를 듣는다면 그럴만한 이유가 있기 마련입니다.

한마디로 말하자면, '리액션'이 부족하기 때문입니다.

집중해서 들었다는 것은, 적어도 이야기 자체는 흥미로웠다는 뜻입니다. 재미가 없었다면 애초에 듣지도 않았을 테니까요.

'경청하고 있다'는 신호가 전달되기만 하면, 말하는

사람도 듣는 사람도 기분 좋은 대화가 될 수 있겠지요? 그 신호는 바로 다소 과장된 맞장구, 즉 '적극적인 리액션'입니다.

절제를 미덕으로 여기는 동양 문화권에서는 리액션을 어색해하는 사람이 적지 않습니다. 하지만 서양인을 보세요. 말하는 사람은 물론, 듣는 사람의 리액션도 무척 화려합니다.

뚜렷한 이목구비만으로도 존재감이 두드러지는데, 풍부한 표정과 역동적인 제스처 덕분에 딴생각한다는 의심은 처음부터 받을 일이 없습니다.

그에 비해 동양인은 리액션이 약해요.

생활양식이 서구화되면서 전보다는 표정이 풍부해졌지만, 서양인과 비교하면 여전히 너무 점잖다고나 할까요.

이렇게 생각하면, 우리는 조금은 과장된 리액션을 해도 좋을 것 같습니다. 약간 오버스럽다고 느껴지는 정도가 딱 좋아요.

그리고 팁을 하나 알려드리자면, 저는 다른 사람의 이야기를 들을 때 주로 미간을 응시합니다.

특별한 이유가 있어서가 아니라, 그편이 덜 어색해서 그렇게 한답니다. 시종일관 상대와 눈을 맞추자니 어째 좀 쑥스럽고, 너무 빤히 쳐다보면 상대도 부담스러울 테니 말이지요.

이런 점에서 시선을 두기 가장 좋은 곳이 상대의 미간인 듯합니다.

눈언저리를 바라보면 상대에게 집중하고 있다는 느낌을 줄 뿐 아니라, '제삼의 눈(영혼의 눈)'으로도 불리는 미간에 시선을 맞추면 왠지 사랑이 더 잘 전달될 것 같기도 합니다.

어색하게 눈을 맞추는 것보다는 서로 긴장도 덜 되고, 마음도 더 편안해집니다.

이렇게 보니, 미간을 바라보는 것은 생각 이상으로 효과적인 방법인 것 같네요.

상대가 틀린 말을 해도
경청하라

○

　대화를 나누다 보면 상대가 틀린 말을 할 때가 있습니다. 이때 기회를 놓칠세라, "그렇지 않은데요" 하고 즉시 잘못을 지적하는 사람이 있습니다.

　하지만, 잘못을 바로잡는 것만이 능사는 아닙니다. 아무리 상대의 말이 틀렸다 하더라도 모른 채 넘어가는 편이 나을 때도 있습니다.

　일일이 잘못을 꼬집으면 자존심을 상하게 할 수 있을 뿐더러, 여러 사람이 모인 자리라면 무안을 주는 꼴이 될 테니까요.

　그래서 잘못을 지적할 때는 분위기를 잘 살펴야 합니다.

수학처럼 정답이 있는 사안이라면 그나마 낫지만, 문제는 각자의 입장이나 사고방식에 따라 여러 가지 의견이 있을 수 있는 경우입니다.

당신은 상대의 생각이 틀렸다고 생각하겠지만, 상대는 오히려 당신의 의견을 받아들이기 어려울 수도 있습니다.

이런 상황에서 상대를 부정하기만 하면 말다툼으로 번져 분위기를 망치고 맙니다. 좋은 뜻에서 잘못을 바로잡으려 한 것인데, 상대뿐 아니라 자신까지 불쾌해진다면 무슨 의미가 있을까요?

그러니 상대의 의견에 동의하기 어려워도 무턱대고 지적하는 일은 삼가는 것이 좋습니다. 말을 아끼는 것도 상대에 대한 배려고 사랑이랍니다.

만약 제대로 알려주지 않으면 상대가 손해를 입을 것 같은 상황이라면, 넌지시 일깨워주면 됩니다. 저라면 이렇게 말할 것 같습니다.

"나도 잘은 모르지만, 이런 이야기를 들은 적이 있는데……."

앞뒤 없이 바른말을 하면 잘난 체하거나 상대를 무시하는 것처럼 보일 우려가 있습니다.

이때 '나도 잘은 모르지만' 같은 쿠션 언어를 넣으면 그 가능성을 줄일 수 있습니다. 한결 부드러운 어조로 상대의 자존심을 건드리지 않고 올바른 정보를 전달할 수 있을 것입니다.

그렇다면, 잘못을 바로잡는 편이 나은 경우와 그렇지 않은 경우를 어떻게 구별하면 좋을까요? 이 또한 '사랑'으로 해결할 수 있습니다.

사랑으로 들으면, 잘못을 바로잡는 편이 좋을지, 지적하지 않고 넘어가는 편이 좋을지 저절로 알게 됩니다.

처음에는 쉽지 않겠지만, 아낌없이 사랑을 주다 보면 판단의 정확도가 점점 더 높아질 것입니다.

논리가 아닙니다. 사랑의 직감이 알려주는 것이랍니다.

실패에도 무너지지 않는
기반을 만들어라

○

인간관계에 항상 좋은 일만 있는 것은 아닙니다. 뜻하지 않게 상대를 불쾌하게 하거나 폐를 끼치는 일이 생기기도 하고, 불가피한 갈등이 빚어지기도 합니다.

때로는 사과해야 마땅한 상황에서 잘못 대처하는 바람에 불에 기름을 붓고 마는 경우도 있습니다.

그래서인지, 많은 사람이 '진심으로 반성하는 모습을 보이려면 어떻게 해야 하는지', '어떤 말로 사과하면 상대의 화를 누그러뜨릴 수 있는지', '잔소리를 빨리 끝내는 방법이 있는지' 궁금해합니다.

제가 생각하는 가장 좋은 방법은 '치명적인 실수를 범하지 않는 것', 그리고 '실수를 빠르게 수습하는 것'입니다.

인간은 누구나 실수를 저지릅니다. 아무리 조심해도 발을 헛딛을 때가 있지요. 실수하지 않는 이가 있다면, 그것은 완전무결한 존재 '신'뿐입니다.

그러므로 '사람은 누구나 실수하기 마련'이라는 마음가짐이 필요합니다.

이러한 대전제 위에 중대한 실수만큼은 피하도록 조심하는 한편, 실수에 잘 대처할 수 있는 환경을 만들어두는 것이 중요합니다.

난감한 상황이 벌어지더라도 잘 해결되도록 미리 대비하자는 것이지요.

저는 이런 점에서 빈틈이 없기 때문에 노여움을 사지 않습니다.

실수를 빠르게 수습할 수 있도록 대비하면, 불가피하게 실수로 이어져도 큰일로 번지지 않으니 피해를 최소화할 수 있습니다.

그래서 실수를 저질러도 미움을 받지 않는 것이지요.

이것이 가능한 비결은 다름 아닌 '좋은 인간관계'입

니다.

인생을 즐기고 사랑을 나눔으로써 좋은 인간관계를 맺는 것보다 나은 방법은 없습니다.

주위에 사랑을 지닌 사람이 있으면 언젠가는 꼭 도움을 받게 돼 있습니다.

실수를 저지를 것 같으면 조심하라고 일러주고, 결국 실수를 피하지 못해도 수습하는 데에 힘을 보태줍니다. 언제든 도와주는 사람이 곁에 있으니 홀로 당황할 일도 없거니와, 어떤 문제든 힘을 합쳐 원만하게 해결할 수 있습니다.

좋은 친구가 내밀어주는 손만큼 든든한 것도 없지요.

우호적인 관계에 있는 상대라면, 어지간한 일은 "누구나 실수할 수 있지"라며 웃어넘길 것입니다. 반면, 소원한 관계에 있는 사람은 그리 쉽게 넘어가지 않겠지요.

그러니 먼저 사랑을 나눠야 합니다. 사랑으로 좋은 인간관계를 맺으세요.

사과하는 방법이나 반성하는 태도를 궁리하기보다, 사랑을 나누는 것이 훨씬 더 중요합니다.

변명하지 않는 솔직함을 보여준다

○

'가까운 사이일수록 예의를 차려야 한다'는 말이 있듯, 아무리 허물없는 사이라도 상대에게 상처를 주거나 피해를 입혔을 때는 제대로 사과해야 합니다.

사랑을 지닌 사람이라면 어떻게 사과해야 좋은지쯤은 이미 알고 있겠지만, 아직 모르는 사람을 위해 힌트를 주자면, 바로 '진솔함'입니다.

잘못한 마당에 어설픈 잔기술까지 부리면 오히려 역효과를 부를 수 있습니다.

얼렁뚱땅 넘어가거나 얼버무리지 말고, 처음부터 깔끔하게 잘못을 인정하고 사과하는 편이 훨씬 효과적입니다.

사랑으로 생각하면, '내가 만약 저 사람이라면?' 하고 상대의 마음을 헤아리게 됩니다.

입장을 바꿔, 상대가 잘못해 놓고는 사과는커녕 변명만 늘어놓는다면 기분이 어떨까요? 그렇지 않아도 언짢은데, 잘못은 인정하지 않고 되레 자신의 언행을 정당화하려 들면 더 큰 화가 치밀어오르지 않을까요?

핑계 대지 않고 순순히 사과했더라면 금세 풀렸을 것을, 자기합리화하는 모습에 용서할 마음이 싹 달아나 버릴 테지요.

사랑을 지닌 사람은 본능적으로 옳은 선택을 합니다.

모든 일의 해답을 알고 있는 영혼이 '진솔함이 최선이다!'라고 알려주기 때문입니다.

의도하지 않아도 진심 어린 사과가 우러나오고, 그것이 잘 전달돼 상대의 마음도 이내 풀어집니다.

자기방어를 위해 기술을 구사하기보다는, 진솔한 태도를 보이는 것이 가장 좋은 방법입니다. 누구나 할 수 있는 평범하고 단순한 방법이 언제나 진리랍니다.

단, 억울하다고 느껴질 때는 지지 않고 맞서는 사람이

또 저, 사이토 히토리입니다.

정말로 잘못했다고 생각될 때, 마음 깊이 반성하고 있을 때는 진심으로 사과하지만, 납득하기 어려운 이유로 몰아세운다면 잠자코 있지 않지요.

어린 시절에도 학교 선생님과 부모님으로부터 "공부해라", "결석하지 말아라"라는 이야기를 귀에 못이 박히도록 들었지만, 소년 사이토 히토리는 이렇게 반박했습니다.

"그렇게 공부가 중요하면, 직접 하시면 되지 않겠습니까? 저는 공부가 싫어도 너무 싫은데, 어째서 그토록 싫은 일을 억지로 하라고 하시나요?"

이처럼 도저히 받아들이기 어려운 일에는 작정하고 반기를 듭니다. 그리고 이마저도 귀찮을 때는 적당히 듣는 척하다 무시해 버린답니다.

저는 빙빙 돌리거나 난해하게 말하는 것을 싫어합니다. 그래서 언제나 직설화법만 사용하지요.

다른 사람의 험담이나 자화자찬을 늘어놓는 사람에게는 "그만해"라고 하고, 시답지 않은 농담을 계속하는 사람에게는 "오늘도 썰렁하네"라고 돌직구를 날린답니다.

첫눈에 반한 이성에게도 "연락처 좀 가르쳐주세요" 하고 직진합니다.

용기가 가상하다고요? 글쎄요. 연락처를 물은 것만으로 기분 나빠할 사람은 없지 않을까요? 만약 상대가 불쾌하게 받아들인다면, 그럴 만한 이유를 제공하지는 않았는지 자신을 돌아봐야 합니다.

그리고 애당초 연락처를 억지로 받아낼 의도도 없답니다. 내키지 않는다면 절대 가르쳐줄 리 없고, 가르쳐주지 않는 것도 그 사람 마음이니 깔끔하게 포기하는 수밖에요.

상대가 좀처럼 마음을 열지 않을 때도, "우리 허심탄회하게 이야기합시다" 하고 단도직입적으로 말합니다.

그래도 달라지지 않는다면, '속마음을 보여주고 싶지 않은 것이 지금의 속마음이구나' 하고 이해하고 넘어갑니다.

최악은, 마음의 빗장을 열지 못하는 것이 아니라, 상대가 원치 않는데도 집요하게 파고드는 것입니다. 이것만큼 무정한 행동도 없다는 것을 기억하기를 바랍니다.

제 3 장

가난을 부로 바꾸는 듣기의 진실

나를 가장 잘 돕는 사람은
나다

○

고민을 해결하는 가장 좋은 방법은 자기 자신과 의논하는 것입니다.

자기 자신과 의논하면, 적어도 속을 일은 없을 테니까요.

상대와 만나기 위해 따로 시간을 낼 필요도 없으니, 고민이 생기는 즉시 대응할 수 있다는 이점도 있습니다. 아마 이보다 쉽고 빠른 방법은 없을 것입니다.

"자기 고민을 자기와 상담하는 것이 말이 되나? 그게 가능하다면 애초에 고민에 빠질 사람이 어디에 있나?"라고 반문할지 모르지만, 일단 해 보면 생각처럼 어렵지 않다는 것을 알게 될 것입니다.

내가 나의 상담자가 되는 첫걸음은 '자기 자신을 사랑하는 것'입니다.

사랑하는 사람의 일이라면 발 벗고 나서는 것이 인간의 본성이기 때문입니다.

여러분도 소중한 가족, 애인, 친구가 어려움을 겪으면 무엇이든 다 해주고 싶고, 하루빨리 해결되도록 함께 고민해 주지 않나요?

그 대상에 자기 자신도 포함하면 됩니다.

'소중한 사람'의 범위에 '나'를 포함하지 않는 사람이 많은 듯한데, 자기를 가장 사랑하는 사람은 바로 나 자신입니다. 이 사실을 떠올리기만 하면 됩니다.

자기 자신의 '절친'이 돼주세요. 그러면 고민거리가 생기는 순간, 또 다른 내가 깨어나 두 팔을 걷어붙이고 해결에 나서 줄 것입니다.

자신을 사랑하려면 인내하기를 멈춰야 합니다. 어깨를 짓누르는 짐부터 내려놓으세요. 지금 치한 상황이 답답하고 괴롭다면 도망쳐도 됩니다.

버거운 짐을 내려놓고 고통스러운 현실에서 벗어나

는 일에 죄책감을 느끼는 사람이 있습니다. 너무 힘들어서 지칠 대로 지쳐 있는데도, 참고 견디지 않으면 벌을 받거나 불행해진다고 믿는 것 같아요.

분명히 말하지만, 그것은 착각입니다. 완전히 잘못된 생각이에요.

답답한 굴레를 벗어던지고 더 나은 곳을 향해 나아간다고 해서 나쁜 일이 일어날 리 없습니다.

나쁜 일은커녕 좋은 일만 생길 것입니다.

힘든 상황에서 해방되는 것만으로도 기운이 수직상승할 것이기 때문입니다.

기운이 밝아지면 즐거운 일, 기쁜 일을 끌어당깁니다. 당연히 미래는 지금보다 행복해질 수밖에 없습니다.

기운이 상승하면 현실도 그만큼 좋은 방향으로 돌아갑니다.

어둠으로 뒤덮였던 세상에 한 줄기 빛이 보이기 시작하고, 미약하게나마 안도감도 찾아옵니다. 중요한 것은 바로 이것입니다.

한 줄기 빛이 보이면 이제 된 것입니다. 그 빛이 점점 커지면서 안도감이 안도감을 부르고, 기운도 더욱더 밝아져만 갈 것입니다.

밝아진 내 모습을 싫어할 사람은 없습니다. 당연히 사랑하게 됩니다.

자기 자신을 사랑하게 되면, 아무리 힘든 일이 생겨도 걱정할 필요 없습니다. '나'라는 최강의 조력자가 언제나 함께할 테니까요.

"

자기 자신의 '절친'이 돼주세요.

그러면 고민거리가 생기는 순간,

또 다른 내가 해결해 줄 것입니다.

"

전 세계인과 상담할 수 있는
시대가 되었다

○

나를 누구보다 잘 이해하고 진심으로 격려해 줄 사람은 바로 나 자신이라고 이야기했습니다.

그렇다고 해서, 힘든 일이 생겼을 때 다른 사람과 의논해서는 안 된다는 뜻은 아닙니다. 가족, 친구, 동료, 선배, 은사 등 좋은 사람이 주변에 있다면 지혜를 빌려보세요.

단, 상대에게 전적으로 의존하는 것은 금물입니다. 아무리 훌륭한 조인도 자기 힘으로 활용하는 방법을 찾지 못하면 아무 소용이 없습니다.

해결의 돌파구를 찾아내려면 결국 자기 자신과 의논해야 합니다.

그런데, 아무리 머리를 쥐어짜고 지혜를 빌려도 문제가 해결되지 않을 때가 있습니다.

이럴 때는 현시대 최고의 발명품, '인터넷'을 이용하면 됩니다.

인터넷에 접속하기만 하면 전 세계 사람들의 성공담, 실패담, 인간관계, 건강, 직업, 외모 등등 온갖 정보를, 그것도 대부분 공짜로 얻을 수 있습니다.

내 집 안방에 편하게 앉아서 나와 같은 경험을 한 사람을 찾을 수 있다니, 정말 좋은 세상이 아닐 수 없습니다.

가까운 사람에게 조언을 구했을 때 얻을 수 있는 답은 한두 가지에 불과합니다.

반면, 전 세계인이 접속하는 인터넷이라면 기발한 해결책이 우수수 쏟아질지도 모릅니다.

간혹 "제 고민은 누구도 해결해 줄 수 없을 거예요", "어째서 저한테만 이런 일이 생기는지 모르겠어요"라며 한탄하는 사람을 보곤 하는데, 그럴 때마다 얼마나 많은 사람과 의논했는지 묻고 싶어집니다.

인터넷을 샅샅이 뒤지고도 해결책을 찾지 못했다면야 어쩔 수 없지만, 겨우 몇 사람과 의논한 것이 전부이면서 '해결할 수 없다'고 단정 짓는 것은 섣부릅니다.

전 지구적으로 찾으면 나와 같은 문제를 겪은 사람이 분명 존재할 것이고, 그중에는 그것을 해결하거나 극복한 사람도 있을 것입니다.

말하자면, 전 세계인을 나의 의논 상대로 삼는 것이지요.

자발적인 경험은 기억에 깊이 각인됩니다. 자기 힘으로 답을 찾아냈을 때의 뿌듯함 또한 이루 말로 할 수 없지요.

결과적으로 다른 사람이 알려주는 것보다 훨씬 효과적인 해결책이 될 수 있습니다.

이렇게 얻은 지식이 머릿속에 차곡차곡 쌓이면 화학반응을 일으켜 나도 모르게 빛나는 지혜가 불쑥 튀어나오기도 합니다.

그러니, 고민거리가 생기면 인터넷을 최대한 활용해 보세요. 대충 훑어보지 말고, "이거다!"라는 답이 나올 때까지 파고들어야 합니다.

귀찮고 힘들 것 같지만, 막상 해보면 의외로 재미있을 뿐 아니라, 거의 모든 문제를 스스로 해결하는 능력을 얻게 될 것입니다.

세상의 모든 정보를 뒤졌는데도 해결하지 못한 문제가 있다면, 그것은 이번 생에 해결책을 찾아 세상에 알리도록 당신에게 주어진 사명인지도 모릅니다.

경청하는 부모의 아이는
머리가 좋다

○

"아이의 머리가 좋아지는 경청법이 있다면 알려주세요."

자녀를 둔 부모로부터 이런 질문을 받을 때가 있습니다. '경청법'이라고 하기 어려울지 몰라도, 매우 효과적인 방법이 있어서 알려드리고자 합니다.

부모가 할 일은 단 하나.

아이가 무엇을 하든, "너는 머리가 참 좋구나"라고 말해주는 것입니다.

시험에서 빵점을 받아도, 반에서 꼴찌를 해도 한숨을

쉬거나 화를 내서는 안 됩니다.

아시겠지요? "너는 머리가 참 좋구나"라고 하셔야 합니다.

학교에서 돌아온 아이가 "친구가 나더러 바보래"라고 말하면, "아니야. 그렇게 말하는 친구가 바보야"라고 대답해 주세요.

어떤 상황에서도 내 아이를 믿고 끝까지 아군이 되는 것이 부모의 역할입니다.

이런 부모 밑에서 자란 아이는 절대적인 안정감을 느낍니다.

'내가 어떤 사람이라도 좋다!'

'지금 이대로의 내가 최고다!'

이런 사고방식을 당연하게 받아들이며 성장한 아이는 자기긍정감이 깊이 뿌리내려 단단한 사람이 됩니다. '언제든 원치 않는 상황에서 벗어나도 된다'는 것을 알기에, 세상의 불합리함에 휘둘리지 않습니다.

의미 없는 인내도 하지 않으며, 그 진솔함 덕분에 사랑받습니다.

최고의 매력이 그 안에서 자라나, 그야말로 매력적인 영혼의 소유자가 된답니다.

이렇게 성장한 아이는 미래도 밝습니다.

공부에 소질이 없어도, 자신의 길을 당당히 걸으며 행복하게 살아갑니다. 자기가 좋아하는 일을 직업으로 삼아, 좋은 사람들과 협력하며 일 자체를 즐기고 성공을 거머줍니다.

물론 공부를 좋아하는 아이라면 공부를 통해 자기만의 길을 개척해 나가겠지요.

많은 부모가 '공부 잘하는 자녀'를 바랍니다. 그 이유를 물으면, 공부를 잘해야 행복하게 살 수 있기 때문이라고 합니다.

하지만, 그것은 공부를 좋아하는 아이에게만 해당하는 말입니다. 공부를 싫어하는 아이에게 공부하라고 강요하면 역효과를 부를 뿐입니다. 오히려 불행해진다니까요.

참고 견디기만 하는 아이는 자기긍정감이 낮아집니다. 설사 학업성적이 오르더라도, 부모가 바라는 행복한 미래는 찾아오지 않습니다.

반대로, "공부 같은 거 못해도 괜찮아. 너는 지혜로운

아이니까 걱정하지 않아" 하고 강한 자기긍정감을 심어
주면, 언젠가 아이 스스로 각성하는 순간이 찾아옵니다.
부모가 간섭하지 않아도 씩씩하고 당차게 살아가며 성취
감을 맛볼 것입니다.

저처럼 언제나 웃음 지으며 성공가도를 걷는 사람이
될지도 모르지요.

공부를 좋아하는 아이는 굳이 잔소리하지 않아도 스
스로 잘합니다. 하고 싶은 대로 하도록 내버려두면 저절
로 성공할 것입니다.

공부가 체질에 맞지 않는 아이도, 공부만 강요하지 않
으면 알아서 잘 살아갑니다.

어느 쪽이든 부모가 입 아프게 잔소리할 이유가 전혀
없습니다. 세상 이치가 그렇습니다.

표현하지 않는 아이도
부모를 사랑한다

○

육아에 관한 이야기를 조금 더 해볼까요?

정신없이 바쁠 때는 아이가 말을 걸어도 "이따가 얘기하자"라든가 "그래, 그래" 하고 건성으로 대답하게 될 때가 있지요.

부모도 사람이기에 항상 완벽할 수는 없습니다.

그런데, 착실한 사람일수록 그런 자신을 잘 용서하지 못합니다. '나는 형편없는 부모다', '나 같은 부모에게서 태어난 아이가 불쌍하다'라며 자책합니다.

하지만, 이런 생각은 당장 버려야 합니다. 자신을 탓하는 일은 아이에게 절대 도움이 되지 않기 때문입니다.

인간의 영혼은 끊임없이 더 높은 곳을 지향합니다. 세

상에 태어날 때마다 깨달음을 쌓아가지요.

'신의 모습을 조금이라도 닮아가고 싶다.'

'이번 생에는 어디까지 성장할 수 있을까?'

이처럼 설레는 마음으로 우리는 매 순간 배움에 정진합니다.

신은 세상을 '시간의 흐름에 따라 진화하도록' 설계했습니다. 그래서 시간이 흐른 뒤에 태어날수록 더 높은 내공의 영혼을 지니게 됩니다.

이 말은 곧 부모보다 늦게 태어난 아이의 영혼 내공이 훨씬 높다는 뜻입니다. 쌓인 시간만큼 더 많은 것을 배웠을 테니까요.

아이의 영혼은 부모가 미숙한 존재라는 사실을 잘 알고 있습니다. 부모로서 다소 부족한 모습을 보여도, '우리 엄마 아빠는 지금 한창 배우고 있는 중이니까' 하고 이해합니다.

부모와 자녀가 사랑으로 단단히 묶여 있다면, 가끔 건성으로 대답하는 일쯤은 아무런 문제가 되지 않습니다.

사랑으로 충만한 아이는 부모의 사랑을 의심하지 않습니다.

지금처럼 편리한 가전제품이 없던 시절에는 가사 노동에 만만치 않은 시간과 노력이 들었습니다. 더구나 집마다 아이 예닐곱 낳아 키우는 것은 예삿일이었지요.

제 어머니도 7남매를 키우며 장사까지 하시느라 남보다 훨씬 바쁘게 사셨습니다. 그러니 아이들이 하는 말에 일일이 대답하고 말고 할 여유가 있었을 리 없지요.

그럼에도 매 순간 어머니의 사랑을 느낄 수 있었기에, 변변한 대화를 나누지 못해도 어머니를 온 마음으로 사랑했으며, 어머니 또한 당신 자신보다 나를 아끼셨음을 믿어 의심치 않았습니다.

진지하게 상대해 주지 않는다고 상처받기는커녕, 언제나 안정적인 정서를 유지할 수 있었습니다.

사랑이 있으면 아이는 훌륭하게 성장합니다. 그러니 반성 말고 사랑을 표현해 주세요.

사랑이 없는 삶은
지옥으로 바뀐다

○

'침묵은 금이요, 웅변은 은이다'라는 말이 있습니다. '때로는 말을 아끼는 것이 도움이 된다'라는 뜻으로 쓰이지만, 저는 이 말의 본질은 '사랑'이라고 생각합니다.

불필요한 말을 하면 미움을 받는 것이 당연지사. 하지만, 이를 알면서도 입에서 삐딱한 말이 튀어나오는 사람이 있습니다.

이유는 단 하나. 사랑이 없기 때문입니다.

상대의 기분이 어떨지 상상하는 능력이 없는 거예요.

사랑이 없어서 머릿속에 떠오른 생각이 여과 없이 입밖으로 튀어나오는 것입니다.

사랑이 있으면, 설사 부정적인 생각이 떠오른다고 하

더라도 그것을 소리 내 말하지 않습니다.

사랑이 결여된 인생은 해독 기능을 잃은 신체와도 같습니다.

간이나 림프절의 해독 기능이 떨어지면 유해 물질이 몸속에 쌓여 생명을 위협합니다. 독소로 범벅된 몸으로는 생명을 유지하기 어렵지요.

사랑에는 '독이 든 말'과 '때 묻은 생각'을 깨끗하게 정화해 밝은 기운으로 바꾸는 힘이 있습니다.

사랑이 커지면 부정적인 생각 자체가 떠오르지 않습니다.

사랑이 없는 사람은 이러한 정화 기능이 작동하지 않아서 비뚤어진 언행을 자제하지 못하는 것입니다.

그러다 자기 잘못을 인지하는 감각마저 마비되면, 독소에 점령당한 몸이 병을 일으키듯, 터무니없는 일만 일어나는 지옥 같은 인생이 펼쳐집니다.

이렇듯 사랑 없는 인생이 얼마나 무섭고, 큰 손해로 이어지는지를 알아야 합니다.

아직도 사랑을 주는 것이 어렵게 느껴진다고요?

분명한 것은, 사랑을 주는 어려움보다, 사랑을 주

지 않아서 겪게 되는 일들이 훨씬 고통스럽다는 사실
입니다.

사랑을 주는 것이 단연코 수월합니다.

사랑이 있는 삶은 좋은 친구와 동료, 성공, 부가 저절
로 따라와 상상을 초월하는 즐거움으로 가득해집니다.

당신이 있는 바로 그곳이 천국이 될 것입니다.

침묵은
금이 아니다

○

제 나름의 해석입니다만, '침묵은 금'이라는 말에는 또 다른 의미가 숨어 있다고 생각합니다.

누가 언제 만들어냈는지는 모르지만, 저는 이 말에서 높은 자리를 차지한 인간들의 어두운 속내가 느껴집니다.

권력을 가진 자가 사람들을 마음대로 부리려는 의도 말입니다.

사람들이 자기 생각을 말하기 시작하면, 특권을 지닌 사람들도 제멋대로 행동하기 어렵습니다. '침묵하는 사람들'이 그들의 입맛에는 맞습니다.

그렇다고 해서 "입 다물고 시키는 대로 하라"라고 했

다가는 반발을 살 테니, '침묵은 금'이라는 말을 퍼뜨려 입을 막는 구실로 삼은 것 아닌가 하는 생각이 듭니다.

이 말의 진정한 의미와는 다르게 악용하고 있다고요.

물론 이는 어디까지나 제 뇌피셜일 뿐, 사실로 단정할 수는 없습니다.

다만, 이 같은 말은 자기 안에서 그 의미를 곱씹으며 깨달음을 얻는 것이지, 타인에게 강요할 것은 아니라고 생각합니다. '때로는 말을 아낄 필요도 있구나!' 하고 스스로 깨달을 때 비로소 피와 살이 되는 것이지요.

그런데도, "침묵은 금이라고 하잖아요"라며 상대를 압박하는 사람을 보면 이해하기 어렵습니다.

불상에 관한 해석도 마찬가지입니다.

불상은 대체로 귀가 크지요? 거기에는 '부처님은 중생의 소리를 놓치지 않는다'는 의미가 담겨 있다고 합니다.

즉, 귀 기울여 듣는 주체는 중생이 아니라 부처님입니다.

그런데도, 언제부턴가 "부처님의 귀가 큰 것은 '다른 사람의 말을 잘 들으라'는 소중한 가르침이다"라고 주장하는 사람들이 나타나기 시작했습니다.

급기야 부처님의 입이 귀보다 작은 것은 '귀는 열고, 입은 닫으라'는 뜻이라는 해석마저 등장했습니다.

저는 누구나 하고 싶은 말을 자유롭게 할 수 있어야 세상이 더 좋아진다고 생각합니다.

그래서 저런 이야기를 들으면 역시나 의심부터 듭니다. 불상의 본래 의미를 왜곡해 사람들을 조종하려는 꿍꿍이가 있다는…….

허나, 이 또한 배움으로 연결할 수 있습니다.

마치 진리처럼 여겨지는 이야기도, '과연 그럴까?' 하고 다른 각도에서 바라보는 힘을 기를 수 있는 것이지요.

이런 경험이 차곡차곡 쌓이면,

'좋은 말을 하면, 애쓰지 않아도 자연히 귀 기울이게 된다'

'사랑을 담으면, 어떤 말을 해도 환영받는다'

라는 깨달음을 얻고 영혼이 한 뼘 더 성장합니다. 당신의 매력 또한 한층 더 빛을 발할 것입니다.

이렇게 행복과 성공을 향해 나아갈 수 있다고 저는 생각합니다.

너무 달콤한 이야기는
조심하라

○

세상에는 나쁜 사람들이 있습니다. 보이스피싱이나 혼인빙자 사기 같은 수법으로 사람을 속여 돈을 빼앗는 음흉한 인간이 어디든 꼭 존재합니다.

사기 사건을 알리는 뉴스가 자주 보도되는데도 여전히 피해자가 속출하는 것은, 이들이 온갖 수단을 동원해 '사기라는 것을 눈치채지 못하도록' 접근하기 때문입니다.

사랑을 주려는 듯 그럴싸하게 포장해 상대를 안심시킨 후 나쁜 짓을 하는데, 여하튼 골치 아픈 문제입니다.

나쁜 인간에게 속지 않으려면, 그야말로 '듣는 힘'이

필요합니다. 상대의 이야기를 잘 듣고 거기에 담긴 것
이 진짜 사랑인지, 가짜 사랑인지를 판별할 수 있어야
합니다.

이때 가장 중요한 것이 '의문을 품는 것'입니다. '이런
게 가능하다고?', '왜 굳이 나에게?' 하고 스스로 질문을
던져야 합니다.

덮어놓고 사람을 의심하라는 뜻은 아니지만, 사람은
모두 착하게 태어난다는 '성선설'을 너무 믿어도 안 됩니
다. 누구나 범죄의 대상이 될 수 있다는 사실을 잊지 말
아야 합니다. 나쁜 인간들이 실제로 존재하는 세상이니
까요.

사기꾼은 상상 이상으로 교활합니다. "지금 가입하면
최고 이율을 보장해 드립니다!", "당신에게만 드리는 특
별한 서비스입니다!" 하고 듣기 좋은 달콤한 말로 사람을
유혹합니다.

특별대우를 받고 있다는 착각을 일으켜 지갑을 열게
하려고 원한 적도 없는 선물을 들이민다니까요.

'친절'이라는 가면을 쓴 사람은 일단 경계하는 것이
좋습니다. 정말로 조심해야 합니다.

공포감을 조성해 패닉에 빠뜨리는 것도 사기꾼의 단골 수법입니다.

가령 자녀의 직장 상사나 변호사인 것처럼 전화를 걸어서는, "당신의 자녀가 회사에서 중대한 잘못을 저질렀다. 해결하려면 천만 원이 필요하니 지금 당장 입금하라"라고 종용하는 것입니다.

자녀를 걱정하는 부모의 마음을 교묘히 이용하는 악질적인 수법인데, 절대 이런 말에 넘어가서는 안 됩니다.

당황한 나머지 자녀에게 확인도 하지 않고 돈부터 보내서는 안 됩니다.

이 밖에도, 어느 날 갑자기 자칭 파일럿이네, 의사네 하는 사람이 나타나 사랑을 고백한다? 아무리 생각해도 수상하잖아요.

고급 호텔에 투숙 중인 고스펙 성공남도 조심해야 합니다. 처음에는 의심스럽게 여겨도, 달콤한 말을 속삭이며 으리으리한 호텔에 초대하면 분위기에 취해 자신이 '신데렐라'가 됐다는 착각에 빠질 수 있습니다.

호텔 직원도 속아 넘어갈 정도니 말해 무엇하겠습니까. 이들은 철저한 계획하에 숙박비까지 떼어먹습니다. 그 태연한 얼굴에 호텔 전체가 농락당하는 마당에, 연애

경험이 부족한 사람이 허무하게 당하는 것도 무리는 아
닙니다.

그러므로 지나치게 달콤한 이야기는 일단 의심해야
합니다. 그렇지 않으면 작정하고 덤비는 사람에게 당해
낼 재간이 없습니다.

아시겠지요? 달콤한 이야기일수록 덥석 믿어서는 안
됩니다.

자기 자신을 지키기 위해 이 말을 꼭 기억해 두세요.

66

나쁜 인간에게 속지 않으려면,

그야말로 '듣는 힘'이 필요합니다.

상대의 이야기를 잘 듣고

거기에 담긴 것이 진짜 사랑인지,

가짜 사랑인지를 판별할 수 있어야 합니다.

99

상대방의 어두운 기운에
끌리지 않으면서 들어라

○

저는 지금까지 수많은 사람의 고민을 상담했습니다. 그중에는 문제가 너무 심각해서 어떤 말로도 위로하기 어려운 경우도 있었습니다.

이런 일을 무수히 겪으면서도, 제 마음마저 울적해지는 일은 한 번도 없었습니다.

아무리 침울한 사연을 들어도 그 감정에 전염되지 않습니다.

저는 누구를 만나든,

'이 사람의 상황은 점점 좋아질 것이다!'

'분명 밝은 미래가 기다리고 있다!'

라고 믿습니다.

괜찮아질 것이라고 막연히 기대하는 것이 아니라, 반드시 잘될 것이라고, 이 사람이라면 틀림없다고 굳게 믿어 의심치 않습니다.

처음 만나는 사람이든, 모니터 너머의 사람이든, 편지를 보내온 사람이든 상관없습니다.

저는 전 인류를 믿습니다.

어떻게 한 번도 본 적 없는 사람까지 믿을 수 있냐고요?

그것은 사람이라면 누구에게나 '영혼'이 있기 때문입니다.

우리의 영혼은 신에게서 왔습니다. 신의 생명을 나눠받은 인간은 신의 분신이라고 할 수 있습니다.

즉, 전지전능한 신이 인간의 모습으로 세상에 살고 있는 셈이지요.

마음만 먹으면 무엇이든 할 수 있으며, 중요한 깨달음을 얻는 순간 바다가 갈라지듯 성공의 길이 활짝 열릴 것입니다.

누구에게나 신이 깃들어 있으니, 제게는 사람을 믿는 것이 신을 믿는 것이나 다름없습니다. 지극히 당연한 일이지요.

우리에게 닥친 시련은 '새로운 길을 개척하라'는 뜻으로 신이 내린 과제입니다.

지금 안고 있는 문제 어딘가에 '행복해지기 위한 깨달음', '부자가 되는 힌트'를 숨겨뒀으니 스스로 노력해 찾아내라는 신의 메시지인 것입니다.

그래서 저는 어떤 문제에 맞닥뜨리든 그 속에서 사랑과 빛을 찾아내는 데에만 집중합니다.

고민을 들어줄 때도, 그 사람이 깨달음을 얻는 데 필요한 말을 할 뿐, 지엽적인 부분에 매달리지 않습니다.

오로지 숲을 볼 뿐, 좋고 나쁨, 옳고 그름의 관점에서 생각하지 않으면 어두운 기운에 휘말릴 일이 없습니다.

신기하게도 저와 만나는 사람들은 하나같이 잠자코 듣기만 합니다. 그저 제 입에서 말이 나오기만을 기다린답니다.

자랑처럼 들릴지 모르시만, 제 이야기에 귀 기울이시않는 사람은 정말로 드뭅니다. 상대가 누구든 제 말이 시작되기만을 기다리고, 저 혼자 한바탕 떠든 후에도 이야기를 더 들려달라고 합니다.

제 앞에만 오면 누구라도 '경청의 달인'이 됩니다. 어
쩌면 제가 '들려주기의 달인'인지도 모르겠네요.

이 또한 제 안의 사랑이 그렇게 만드는 것임이 분명
합니다.

아무리 거창하게 말해봐야, 언제나 결론은 사랑뿐입
니다. 정말로 그렇습니다.

정보를 쉽게 얻는
경청법

○

원하는 정보를 너무도 쉽게 손에 넣는 사람들이 있습니다.

아무에게나 공개되지 않는 특별하고 유용한 정보가 저절로 굴러들어 오는 일이 어떤 사람들에게는 실제로 벌어집니다.

저도 그중 하나로, 사람에게서도 정보를 얻지만, 하늘로부터도 많은 영감을 받습니다.

스스로 해결하기 어려운 문제가 생길 때마다 주위 사람 중 누군가가 "그건 이렇게 하면 됩니다" 하고 가르쳐줍니다. 주변에 해결책을 아는 사람이 없을 때는 "저와 친한 사람이 그쪽 전문가인데" 하고 좋은 인연을 엮어주는 사람이 반드시 있어서, 신기하게도 어떤 문제든 척척 해결됩니다.

제가 만드는 상품에 관한 아이디어는 운전 중에 불현듯 떠오를 때가 많습니다.

제 지식으로는 도저히 생각해 내기 어려운 구체적인 레시피가 떠오르는데, 그때마다 "바로 이거야!"라는 감탄이 절로 나오는 영양보충제와 화장품이 완성됩니다.

기적이라고 해도 좋을 만큼 신기하게 얻어지는 귀한 정보와 아이디어 덕분에 저는 줄곧 탄탄대로를 걷고 있습니다.

어떻게 그럴 수 있냐고요?

사랑을 주면 사랑받습니다. 그래서 곤란한 일이 생겨 도움이 필요한 순간이 왔을 때 주위 사람이 모두 나서서 힘을 보태주는 것입니다.

혼자서는 무력하지만, 천군만마와도 같은 돈독한 사람들 덕분에 어떤 풍파에도 흔들리지 않고 승승장구하는 것입니다.

사랑을 나누는 삶을 살면 우주도 내 편이 돼줍니다. 우리는 사랑과 빛의 존재이니 당연한 일이지요.

사랑과 빛을 발산하면 우주의 파동과 공명을 일으켜 수많은 기적이 일어납니다. 사랑을 실천하고 사는 모습을 기특히 여긴 우주가 보내는 선물이랍니다.

정보는 떼쓰고 조른다고 해서 얻어지는 것이 아닙니다. 듣는 사람은 오히려 부담스러워서 피하고 싶어진다니까요.

애걸복걸 보채는 사람에게서 매력이 느껴질 리 없습니다. 매력 없는 사람에게는 정보를 주기는커녕, 가까워지고 싶은 마음조차 들지 않는 것이 당연합니다.

반면, 한결같이 사랑을 내주는 사람은 매력이 흘러넘칩니다.

그저 평범한 인간관계를 맺을 뿐인데도 어디서나 사랑받으며, 상대가 먼저 좋은 정보를 나누고 싶어 합니다.

사랑은 곧 믿음입니다. 사랑하는 사람과는 귀중한 정보를 공유하고 싶다는 마음이 자연스레 들기 마련입니다. 그 덕분에 사랑을 나누는 사람은 성공의 계단을 단숨에 오릅니다.

'매력 일류'에게만 허락되는 이 기적을 당신도 체험하길 바랍니다.

제 4 장

분위기를 이끄는

부자의 말습관

부자는 타인은 물론
자신에게도 자애롭다

○

소통에 있어 '듣는 힘'만큼 중요한 것이 '말하는 힘'입니다. 지금부터 제가 생각하는 말 잘하는 비결을 아낌없이 공개하고자 합니다.

말을 할 때 가장 중요한 것이 무엇인가 하면, 이미 눈치채셨겠지만, 바로 '사랑'입니다.

인간관계의 기본은 사랑이며 인간의 바탕을 이루는 것 또한 사랑입니다.

듣기와 말하기 모두 사랑이라는 대전제 없이는 무슨 수를 써도 잘할 수 없습니다. 잔재주만으로는 진정한 소통을 할 수 없습니다.

산에 올라 큰 소리로 "아!" 하고 외치면, 메아리도

"아!" 하고 돌아옵니다. "아!"라고 외쳤는데, "이!"가 돌아오는 일은 없습니다. 인간관계도 이와 같아서, 사랑을 주면 상대로부터도 반드시 사랑이 돌아옵니다.

사랑을 줬는데 독이 돌아왔다면, 내가 준 것이 실은 진짜 사랑이 아니었는지도 모릅니다. 자기 자신은 소홀히 하고 상대만 신경 쓰는 것도 진짜 사랑이 아닙니다.

간혹 상대에게 사랑이 없어서 독이 돌아오는 경우도 있는데, 이때는 그 사람으로부터 멀어지는 것이 상책입니다.

사랑이란 타인은 물론 자기 자신에게도 너그러운 것입니다. 나를 용서할 때, 비로소 다른 사람도 자연스럽게 용서할 수 있습니다. 이 점을 잊어서는 안 됩니다.

자기 자신을 미워하는 마음으로는 절대 사랑을 나눌 수 없습니다. 자기혐오로 영혼이 슬픔에 빠져 있는데, 매력이 빛을 발할 리 없습니다.

그래서 저는 항상 이렇게 말합니다.

"스스로에게 엄격할 필요 없습니다. 자기 자신에게도 한껏 너그러워지세요."

"좋아하는 일을 마음껏 즐기세요."

"자유롭게 살며 신나게 웃으면 모든 일이 잘 풀릴 것입니다."

이렇듯 저의 지론은 '그렇게만 살 수 있다면 바랄 게 없겠지만, 절대 불가능하다'라고 여겨지는 것뿐입니다.

"인생은 뜻대로 되지 않는 법이다."

이런 말만 들으며 살아왔으니, 자유의지대로 사는 것은 불가능하다고 믿는 것도 어찌 보면 당연합니다.

우리는 정말로 자유롭게 살아갈 수 없는 것일까요?

자기 마음대로 살면 당연히 가난하고 불행해지는 것일까요?

극기, 인내, 근성, 끈기, 노력……. 이 모든 덕목을 성실히 수행한 사람들은 지금 진정으로 미소 짓고 있을까요?

여러분 주위의 능력 있는 사람 중에 "인생은 즐겁다!"라고 자신 있게 말할 수 있는 사람이 과연 얼마나 될까요?

온통 의문뿐 아닌가요?

그래서 세상 누구보다 밝고 즐겁게 사는 저의 비결이 궁금해서 이렇게 책장을 넘기고 계신 것이겠지요.

그렇다면, 일단 시도해 보세요.

소중하고 유일한 당신이 일류로서 부자의 인생을 살고 싶다면, 사이토 히토리가 살아가는 방식, 생각하는 방식을 따라 해보는 겁니다.

변화는 반드시 일어날 것입니다.

일류 세일즈맨은
어떻게 사람들의 지갑을 열까

○

처음 만나는 사람과는 어떤 이야기를 해야 할지 모르겠다는 사람도 많습니다.

상대의 성격, 생활 습관, 취향 등을 전혀 모르니, 친한 친구와 수다를 떨 때와는 사뭇 다를 수밖에 없지요. 대화 소재를 찾는 것부터가 만만치 않습니다.

낯을 가리는 성격이라면 긴장하기도 쉽습니다.

그렇다고 해서 '어떡하지, 어떡하지' 하며 초조해하면 더 어려워질 뿐입니다. 불안감이 커지다 못해, 급기야 말문이 막혀버립니다.

최고의 실적을 자랑하는 최고 영업사원은 화려한 언변의 소유자일 것이라는 인식이 있습니다.

처음 만난 사람도 지갑을 활짝 열게 하는 사람은 대단한 말솜씨를 지녔을 것이라고 생각하는 것이지요. 청산유수 같은 말로 사람의 마음을 사로잡는 '화술의 달인'임에 틀림없다고요.

물론 그럴 수도 있지만, 제 생각은 조금 다릅니다. 말솜씨가 좋아서라기보다는, 마음가짐이 남다르기 때문이라고 생각합니다.

궁극적으로는 역시 '사랑'이 열쇠입니다.

'이 사람에게서 사고 싶다'라고 생각하게 만드는 힘은 세일즈토크의 내용이나 단어 선택에서 나오는 것이 아닙니다.

영업사원의 마음가짐, 그 사람이 자아내는 분위기에 이끌렸기 때문입니다. 고객의 지갑을 여는 힘은, 다름 아닌 '사랑'에서 옵니다.

영업사원에게 사람으로서의 매력이 없으면 절대 지갑은 열리지 않습니다.

물론 좋은 물건을 판매한다는 전제하에, 영업사원이 상품의 장점을 숙지하고 그것을 어필하는 것은 당연합니다.

하지만, 이것만으로 상품이 저절로 팔려나가지는 않

습니다. 똑같은 상품을, 비슷한 수준의 상품지식을 갖춘 사람이 판매하는데도, 어째서인지 매출에는 차이가 발생합니다.

그 차이는 바로 판매하는 사람이 지닌 사랑의 크기에서 비롯됩니다.

사랑의 깊이, 매력의 크기가 영업실적으로 직결되는 것입니다.

생각해 보세요. '판매 성공률 100% 세일즈토크'라는 것이 존재한다면, 그것을 똑같이 따라 했을 때도 같은 결과가 나와야 하지 않을까요?

일류 영업사원의 세일즈토크를 녹음해서 들려주면 상품이 날개 돋친 듯 팔려나가야 합니다.

하지만 그런 일은 일어나지 않습니다. 녹음된 소리에는 사랑이 담겨 있지 않기 때문입니다. 사람의 온기도 느낄 수 없지요.

사랑이 없는 곳에는 누구도 가까이 가고 싶어 하지 않기 때문에, 사랑 없는 영업사원이 아무리 번지르르한 말로 재주를 부려봐야 사람들의 마음을 움직일 수 없습니다.

유전이나 온천을 개발할 때도, 아무것도 묻혀 있지 않

은 땅은 파봐야 헛일입니다. 세계 최고 성능의 굴착기를
동원해도 소용없습니다.

누구를 만나든 즐겁게 대화하는 사람은, 그 안에 깃든
사랑이 상대의 미소를 끌어내는 것입니다.

다시 본론으로 돌아가자면, 처음 만나는 사람이라고
해서 어렵게 생각할 필요는 없습니다.

상대에 관해 아무것도 몰라도, 사랑을 내어주면 아무
문제 없습니다.

사랑만 있으면, 나에게서 나오는 모든 것이 상대를 끌
어당깁니다.

대화가 어디로 흘러가든 상대는 나에게 호감을 느낄
것입니다.

대통령과 어린이를 똑같이 대하는
부자의 마인드

○

한국어에도 일본어에도 경어 또는 존댓말이라고 부르는 정중한 말씨가 있습니다. 때와 장소, 그리고 상대에 따라 적절한 말투를 사용하는 것이 성인의 기본 소양으로 여겨집니다.

그런데 과연 얼마나 많은 사람이 이를 제대로 지키고 있을까요?

저는 개인적으로 '손윗사람에게는 존댓말을 써야 하고, 손아랫사람에게는 반말을 써도 괜찮다'는 규칙이 너무 어렵게 느껴집니다. 그때그때 적절한 말투를 골라 사용하는 것이 제게는 이만저만 힘든 일이 아니랍니다.

더구나 처음 만나는 사람은 자기보다 나이가 많은지

적은지도 알 수 없지요. 번번이 "실례지만 나이가 어떻게 되시나요?" 하고 묻는 것도 귀찮을뿐더러, 상대 역시 자기 나이를 밝히고 싶어 하지 않을 수도 있을 테니까요.

아무튼 너무 피곤하다니까요.

그래서 저는 오래전부터 '누구에게나 밝고 정중하게'라는 원칙을 지키고 있습니다.

상대가 손님이든, 제자든, 친구든 저의 말투와 태도는 언제나 한결같습니다. 상대에 따라 태세를 전환하는 일은 없답니다.

대통령을 만나도, 동네 꼬마와 인사를 나눌 때와 똑같은 태도로 임할 테지요. 상대가 한 나라의 최고 지도자든, 산골짜기에 사는 촌부든 상관없습니다.

저는 누구를 만나든 아낌없이 사랑을 내어주기에 실례를 범할까 걱정하지도 않습니다.

'대통령을 동네 꼬마 대하듯 한다고?' 하고 놀라는 사람은 아마도 어린아이를 하찮은 존재로 여기는 것이겠지요.

하지만, 대통령이나 동네 꼬마나 모두 똑같은 인간입니다.

사람은 누구나 신의 동등한 자녀입니다. '사람 위에 사람 없고, 사람 밑에 사람 없다'는 말이 있듯, 우리는 모두 귀중한 존재입니다.

이렇게 믿기에, 상대가 누구든 정중히 대하는 것이 당연한 일입니다.

상대에 따라 말투와 태도를 바꾸는 것 자체가 머릿속이 혼란스러워지는 원인입니다.

중요한 비즈니스 협상을 하다 갑자기 착각을 일으키기라도 하면 큰 낭패가 아닐 수 없습니다. 거래처의 높은 사람에게 느닷없이 반말을 한다면……? 상상만 해도 식은땀이 흐르는 것 같습니다.

이런 실수를 막기 위해서라도, '누가 들어도 불쾌하지 않을 말투와 태도'를 기본값으로 설정하는 것이 좋습니다.

반말을 들으면 무시당했다고 불쾌해하거나 모욕감을 느끼는 사람도 있습니다.

하지만, 공손한 말투 때문에 기분 나빠하는 사람은 없을 것입니다.

정중한 태도를 보이면 실수할 일이 없습니다.

상대의 지위, 나이, 성별, 국적 따위는 신경 쓰지 말고 모든 이를 사랑으로 대해 보세요.

이것이 가장 안전한 방법이며, 누구보다 자기 자신이 가장 편안해지는 길입니다.

분위기를 읽는
작은 배려

○

"분위기 파악을 잘하네, 못하네" 하는 말을 자주 듣습니다.

분위기를 읽을 줄 모르면 어처구니없는 발언으로 공기를 썰렁하게 만들거나, 주위 사람이 하나둘 떠나가 외톨이가 될지도 모릅니다.

직장 상사가 "분위기 파악 좀 하라"라고 잔소리하는 것은, 자칫하다가는 고객의 신뢰를 잃을 수도 있기 때문입니다.

다만, 문제는 분위기를 파악하는 것이 쉽지 않다는 것입니다. 도대체 분위기는 어떻게 읽는 것일까요?

이런 고민을 안고 있는 당신에게 사이토 히토리식 '분

위기 파악 비결'을 전수합니다.

먼저, 분위기를 읽는다는 것이 무엇인가 하면……,

그것은 바로 '상대를 배려하는 것'입니다.

즉, '사랑이 있느냐 없느냐'의 문제입니다.

친구가 모임에 여자친구를 데려왔다고 가정해 봅시다.

이때 눈치 없이 "저번 여자친구가 더 예뻤는데"라고 말해서는 안 됩니다.

설사 그것이 진실이라 하더라도, 절대 입 밖에 내서는 안 됩니다. 그 정도는 친구 본인도 이미 알고 있을 것이며, 그래도 지금의 여자친구를 선택한 데에는 다 그만한 이유가 있겠지요. 그래서 친구들에게 소개도 하는 것 아니겠습니까?

분위기를 파악할 줄 아는 사람은, "좋은 사람 만났네!", "여자친구가 정말 괜찮다!"라고 말합니다.

작은 배려, 그것이 전부입니다.

이 정도 배려심도 없는 사람은 사랑이 없다고밖에 볼 수 없습니다.

한편, 다른 사람의 이야기에는 관심이 없고, 오로지 자기 이야기만 하는 사람도 있습니다. 주위 사람은 모두 지겨워하는데, 본인만 모릅니다.

이 역시 분위기 파악을 하지 못하는 사람의 전형인데, 자기중요감이 낮은 경우가 많습니다.

자기 자신을 소중히 여기지 못하는 것이지요. 이런 유형의 사람은 시종일관 스스로에게 인내를 강요하면서 자기부정감에 빠져 있을 가능성이 큽니다.

주위로부터 자기 존재가치를 인정받고, 공감받고 싶어 하는 심리가 독불장군처럼 자기 말만 하는 행동으로 표출되는 것이지요.

이 또한 근본 원인은 사랑을 잊고 사는 것입니다.

만약 자신이 여기에 해당한다고 느껴진다면, 말하는 방법이나 내용을 연구하기 전에, 자기 자신을 사랑하는 노력부터 해야 합니다.

자기가 좋아하는 일을 하고, 자유를 만끽하세요.

그러면 저절로 사랑이 샘솟아 진정한 의미의 달변가가 될 것입니다.

부자의 이야기는
사랑만으로 충분하다

○

저는 '내 이야기 좀 들어줬으면 좋겠다', '나도 말하고 싶다'라는 생각을 해본 적이 없습니다. 특별히 애쓰지 않아도 모두가 제 이야기에 귀 기울여주기 때문입니다.

잠시 말을 멈춘 틈을 타 누군가가 끼어드는 일도 없습니다. 제가 다시 입을 열 때까지 모두 입을 꾹 다물고 기다린답니다.

감사하게도, 여기저기서 만난 사람들이 저의 팬이 돼주어서 제 주위에는 실로 많은 사람이 모이게 됐습니다.

제가 아주 어릴 때도, 동네 어른들이 "히토리야, 오늘도 이야기 좀 들려주렴" 하며 제 이야기를 듣기 위해 우리 집을 찾아올 정도였답니다. 돌아보면 참 별난 아이였던 것 같습니다.

장사를 시작한 뒤에는 더 많은 팬이 생겨서 강연회까지 열게 됐습니다.

강연회를 개최하면, 도쿄 중심가에 있는 2,000석 규모의 강연장 티켓이 순식간에 동이 납니다.

사이토 히토리의 이야기를 현장에서 듣고 싶다며, 일본 각지는 물론 멀리 해외에서도 한걸음에 달려옵니다.

표를 구하지 못한 사람들은 "돈은 얼마든지 낼 테니 자리를 마련해달라"라고도 합니다.

남의 이야기를 듣기 위해 돈을 내는 일이 일반적이지는 않지요. 사실, 공짜라도 들어주지 않는 일도 허다하지요.

그런데 어째서 제 이야기에는 돈을 아까워하지 않는 것인지, 저조차 신기할 따름입니다.

그래서 곰곰이 생각해 봤는데, 아무래도 제게는 사람들이 좋아할 수밖에 없는 특별한 '무드'가 있는 듯합니다. 눈에 보이지 않는 것이라서 말로 표현하기 어렵지만, 이야기를 듣고 싶게 하는 기운? 분위기? 같은 것 말입니다.

그리고 그것의 정체는 '사랑'이라고 생각합니다.

사랑 말고는 달리 무드를 자아낼 만한 것이 제게는 없기 때문입니다.

일본에서 세금을 가장 많이 내는 사람으로 등극한 이유가 바로 이 무드라든가, 성공해서 갑부가 되면 저절로 무드가 생겨난다고 생각할지도 모르겠습니다.

그러나 그런 논리로는 꼬마 사이토 히토리가 사람들로부터 사랑받은 이유가 설명되지 않습니다.

제힘으로는 돈 한 푼 벌지 못하는 어린아이였고, 당연히 세금도 내지 않았습니다. 이야기의 내용도 매우 유치했을 테지요.

그런데도 어른들의 마음까지 사로잡는 특별한 기운이 있었습니다.

어린 시절 제가 가진 것은 단 하나, 사랑이었습니다. 사랑만큼은 꼬맹이 시절부터 가슴 가득 지니고 있었답니다.

모습을 드러내는 것만으로도 일순간에 그 자리의 공기를 뒤바꾸는 사람이 있습니다.

단숨에 상대의 마음을 휘어잡아, 아무리 제멋대로인 사람도 얌전히 귀 기울이게 하는 강력한 기운을 발산합니다.

당신도 만약 그런 사람이 되고 싶다면, 방법은 사랑을 키우는 것뿐입니다.

'그런 건 만화 캐릭터나 가능한 이야기 아닌가?' 하고 생각할지도 모르지만, 세상에는 실제로 그런 사람이 존재합니다.

사랑으로 영혼을 갈고닦으면 누구나 신의 모습에 가까워질 수 있고, 일류의 매력을 지닐 수 있습니다.

통화는
더 밝은 목소리로 해주는 배려

○

코로나19 대유행을 계기로 직장에 나가지 않고 집에
서 원격 근무하는 사람이 많아졌습니다.

필연적으로 전화 통화와 온라인 미팅도 증가했는데,
이 같은 비대면 소통은 얼굴을 마주할 때와 달리 사랑이
잘 전해지지 않을 때가 있습니다.

특히 전화는 표정을 볼 수 없기 때문에 상대의 기분
과 감정을 파악하기가 어렵습니다.

상대의 목소리 톤이 조금이라도 낮으면 기분이 나쁜
것은 아닌지 불안해지기도 합니다.

저는 휴대전화를 가지고 있지 않아서 통화할 일도 없
고, 온라인 미팅을 해본 적도 없습니다. 의논할 일이 있

으면 회사 동료나 제자들이 저를 찾아와주는 덕분에, 아직은 별다른 불편 없이 지내고 있습니다.

다만, 최근 들어 원격 근무가 일반화됨에 따라 이와 관련된 질문을 많이 받게 됐습니다.

제자들의 이야기를 들어보니, 화상 통화를 할 때도 상대의 표정이 평소와는 조금 다르게 보인다고 합니다.

화면 너머로 보이는 얼굴은 어딘가 모르게 어둡고 딱딱해서 왠지 저기압으로 느껴질 때가 많다는 것입니다.

직접 만나면 아무렇지 않은데, 화면에 비친 얼굴은 실제보다 시무룩하게 보이는가 봅니다.

그래서 제 제자들은 화상 통화를 할 때면 평소보다 더 환하게 웃으려고 노력한다고 합니다.

평소에도 마냥 밝은 사람들인데, 입꼬리를 더 올리고 리액션도 조금은 과장되게 한다네요. 그 정도가 딱 좋다고 말이지요.

한편, 표정을 보여줄 수 없는 전화의 경우는 목소리 톤을 높이거나 호응하는 빈도를 높인다고 합니다.

목소리 톤을 높이면 분위기도 밝아지고, '당신과 대화하는 것이 즐겁다'라는 감정을 전달할 수 있습니다.

전화기를 들고 아무리 고개를 끄덕여봤자 상대에게

는 보이지 않으니, '내 말을 듣고 있는 걸까?' 하는 의문
이 들기 마련입니다. 역시나 "네~, 네~", "그렇군요" 하고
소리 내 호응하는 것이 상대를 배려하는 길입니다.

특히 업무상 통화를 할 때 이렇게 하면, '싹싹한 직원
이 있는 좋은 회사'라는 인상을 줄 수 있을 것입니다.

이를 '테크닉'으로 이해하는 사람이 있을지 모르지만,
제가 보기에는 이 모든 것 또한 '사랑'입니다.

목소리 톤을 높이는 것은 '상대가 밝은 분위기에서
편안한 마음으로 이야기하게 해주려는 배려'의 표현입
니다.

제 제자들과 동료들이 한결같이 '무의식적으로' 이 같
은 행동을 하고 있다는 것이 바로 그 증거입니다. 즉, 사
랑이 있으면 이 정도 배려는 자동반사적으로 나오는 것
이지요.

돌이켜보니, 제 주위 사람들은 제가 일일이 부탁하지
않아도 사소한 부분까지 깊이 배려해 주고 있었네요.

이 책을 쓰기 시작한 덕분에 주위 사람에 대한 고마
움이 더 커졌습니다. 감사한 일이 아닐 수 없습니다.

부자는 상대에게
지혜를 내어놓는다

○

저는 누군가의 고민을 들을 때면 언제나 마음을 다해 대답합니다.

'상대가 원하는 것이 무엇일까?'를 생각하며 사랑을 담아 전할 말을 신중히 고릅니다.

똑같은 질문을 받아도, 상대에 따라 정반대의 대답을 할 때도 있습니다.

그 사람이 걸어온 인생, 지금의 상황과 감정, 성격, 취향 등등 다양한 요소를 고려하기 때문입니다. 그래서 "일이 잘되지 않아요"라는 한 가지 질문을 받더라도, 누구에게는 "너무 애쓰지 않아도 돼요"라고, 또 어떤 사람에게는 "마음을 다잡고 다시 도전해 보세요"라고 조언합니다.

누구에게나 한결같이 "힘내세요!"라고 말하는 것은 사랑이 아닙니다. 이런 천편일률적인 대답을 하게 되는 것은 상대의 마음을 헤아리는 노력이 부족하기 때문입니다.

참고로, '애쓰지 않아도 된다'는 평소 지나치게 열심히 하는 사람에게 하는 말입니다.

노력은 하지 않고 불평만 늘어놓는 사람에게는 "열심히 해보면 어떨까요?"라고 말한답니다.

상대를 유심히 관찰한다고 해서 적절한 조언이 나오는 것이 아닙니다.

'사랑의 눈'으로 바라볼 때 비로소 '상대에게 필요한 말'이 흘러나오는 것입니다. 신기하게도 말이지요.

그 안에 깃든 신과, 그 사람의 밝은 미래를 믿으면 사랑이 저절로 샘솟습니다.

앞에서도 이야기했지만, 저는 제가 만나는 모든 사람이 '나의 영혼을 성장시키기 위해 신이 보내주신 인연'이라고 생각합니다.

'옷깃만 스쳐도 인연'이라는 말이 있지요? 소중한 인연으로 묶인 사람에게 두루뭉술한 말로 적당히 조언할 수는 없습니다.

이 세상 최고의 조언을 해주겠다는 마음가짐으로 상대가 안고 있는 문제에 진심으로 뛰어들어, 내 고민을 해결할 때와 동량의 열정으로 지혜를 나눕니다.

그러면 당연히 상대의 영혼도 기뻐하지만, 제 영혼은 그보다 훨씬 더 성장한답니다.

상대방의 어깨를
가볍게 해주기 위한 생각을 하라

○

고민 상담을 부탁받을 때면, "솔직한 의견을 거리낌 없이 말씀해 주세요"라는 말을 듣곤 합니다.

그러나 이 말을 곧이곧대로 믿고 떠오르는 생각을 여과 없이 말하는 것은 위험합니다.

상대의 말을 필요 이상으로 무겁게 받아들이는 성향의 사람에게는 직설적인 표현이 상처가 될 수 있기 때문입니다.

그런가 하면, 거침없는 독설도 한 귀로 듣고 한 귀로 흘려버리는 무던한 사람도 있지요.

이런 강철 마인드의 소유자도 상황이나 감정 상태에 따라서는 상대의 말이 가슴에 비수로 꽂히기도 합니다.

다른 사람의 말을 받아들이는 프로세스에는 다양한 요소가 복잡하게 얽혀 있습니다. 그 모든 요소를 순간적으로 고려해 판단하기란 매우 어렵습니다. 아무리 많은 경험을 쌓아도 완벽하게 해내기가 쉽지 않지요.

그래서 저는 아주 오래전부터 이렇게 말해왔습니다.

솔직하게 말해달라고 부탁받으면, '상대의 좋은 면', '기분 좋아지는 말'을 솔직하게 말해주면 됩니다. 설사 고칠 점이 있다 하더라도 말이지요.

부정적인 평가를 듣고 기분 좋아할 사람은 없습니다.

"제가 좀 멍청해서"라는 말을 입에 달고 사는 사람이라 하더라도, "당신은 멍청하군요"라는 말을 들으면 당황하기 마련입니다.

사람은 누구나 칭찬받고 싶어 합니다.

말로는 자신의 단점, 고쳐야 할 점을 알려달라고 해도, 정말로 정곡을 찔리면 충격을 받습니다. 여러분도 그렇지 않나요?

그러므로 누구에게든 "당신에게 고칠 점은 없다", "있는 그대로의 당신이 좋다"라고 다정하게 말해주세요.

이런 말을 들으면 상대는 틀림없이 기뻐할 것입니다. 얼굴에 미소가 번지겠지요.

웃으면 기운이 상승하므로, 굳이 노력하지 않아도 문제는 저절로 해결될 것입니다.

고민 상담을 부탁받으면, '그 사람의 어깨를 짓누르는 짐을 덜어주겠다'고만 생각하면 됩니다. 어떤 고민이든 이것으로 충분합니다.

언제나 기본은 사랑입니다.

그러나 사람들은 상식의 잣대를 들이댑니다. '바른말'이라는 이름의 가짜 사랑으로 상대를 몰아세웁니다.

이런 식으로는 상대의 어깨가 가벼워질 리 없습니다. 오히려 더 많은 짐을 지울 뿐입니다.

가짜 사랑으로 상대를 괴롭힐 요량이라면, 애당초 조언은 접어두고 듣기만 하는 편이 낫다고 저는 생각합니다.

제 5 장

부자는 말이 아니라

매력을 전달한다

밝은 말은
밝은 에너지를 뿜어낸다

○

　세상에는 다른 사람을 무시하는 못된 사람이 있습니다.

　잘 모르는 이야기가 나와서 물어보면, "그런 것도 모르냐?"라면서 코웃음을 친다든가 하는 사람 말입니다.

　저는 이런 부류를 정말 싫어해서, 혹여 이런 광경을 목격하면, "사람을 무시하면 안 되지!" 하고 그 즉시 쏘아붙입니다.

　저런 인간에게 배려는 사치입니다. 다른 사람을 깔보는 태도는 절대 용서할 수 없습니다.

　공부는 다른 사람을 무시하려고 하는 것이 아닙니다.

　배움을 통해 자신과 타인을 행복하게 하고 세상에 도

움이 되기 위해 하는 것이지요.

조금 더 안다고 해서 남보다 잘난 줄 아는 것은 어처구니없는 착각입니다. "당신, 사람 얕잡아보려고 공부한 거야?!"라고 면박을 주고 싶어집니다.

아무리 지식이 풍부해도 오만한 사람은 신뢰를 얻을 수 없으며, 당장은 잘 나가는 것처럼 보여도 언젠가는 반드시 추락하는 날이 옵니다.

기운의 작용은 한 치도 어긋나지 않기 때문입니다. 부정적인 기운을 발산하면 부정적인 현실에서 벗어날 수 없습니다.

뿌린 대로 거두는 것이 자연의 섭리입니다.

그런데, 아무리 봐도 좋은 사람인데 자꾸만 나쁜 일이 일어나는 경우도 있습니다. 그 이유는, 기운의 작용이 좋은 사람과 나쁜 사람을 구별하지 않기 때문입니다.

좋은 사람도 '나쁜 말'을 하면 불행한 현실을 초래합니다.

'말이 씨가 된다'고 하지요? 말에는 그 기운에 어울리는 사건을 일으키는 신기한 힘이 있습니다.

이런 점에서 "이번 생은 망했다"라는 말을 습관처럼 하는 것은 매우 위험합니다. 스스로 자기 삶을 더 비참한 방향으로 몰아가는 꼴이기 때문입니다.

부정적인 말의 대상이 자기 자신이 아니면 괜찮을까요? 다른 사람을 비웃거나 뒤에서 헐뜯는 것은 자기를 향한 것이 아니니, 그 말의 기운과 자신은 무관하다고 생각한다면 큰 착각입니다.

타인을 향해 뱉은 말이라 하더라도, 그 말이 지닌 기운은 고스란히 자신에게 돌아옵니다. 자기가 하는 말을 가장 많이 듣는 사람은 다름 아닌 자기 자신이기 때문입니다. 말은 듣는 것만으로 기운의 영향을 받으니까요.

이 사실을 알면 무서워서라도 나쁜 기운을 품은 말은 쓸 수 없을 것입니다.

반대로, 얼마든지 써도 좋은 말은 '기운을 북돋우는 말'입니다.

밝은 말은 쓰면 쓸수록 더 많은 밝은 에너지를 뿜어냅니다. 기운을 한껏 높여주니 좋은 일이 꼬리에 꼬리를 물고 일어납니다. 나쁜 일이 생겨도, "괜찮아. 잘될 거야"라고 자기 자신에게 말해주면, 어느새 마음에 드리웠던 구름이 말끔히 걷히고 모든 문제가 저절로 해결됩니다.

감사의 말을 자주 하는 사람에게는 또다시 감사할 일

이 생깁니다.

누군가에게 기분 좋아지는 말을 하면 그 말을 들은 사람의 기운이 높아지고, 이번에는 그 사람이 나에게 좋은 기운을 되돌려줍니다. 즉, 사랑의 캐치볼이 이루어지는 것이지요.

사랑이 사랑을 불러 주위에 사랑을 품은 사람이 잔뜩 모이면, 행복이 눈덩이처럼 불어나며 인생이 풍요로워집니다.

부자가
대화의 물꼬를 트는 방법

○

파나소닉 창업자 마쓰시타 고노스케松下幸之助가 아홉 살에 화로 판매상에서 허드렛일을 시작했을 때 가장 먼저 배운 것이 손님과 말문을 트는 방법이었다고 합니다. "인사만 건네고는 입을 다물지 말고, 가볍게 날씨 이야기를 꺼내라. 그러면 대화가 술술 풀릴 것이다"라고 말이지요.

누구를 만나든 날씨 이야기는 실패가 없습니다. "오늘 날씨가 참 좋네요", "아침저녁으로 선선해졌네요", "요즘 비가 자주 내리네요" 하고 그날의 날씨에 관해 이야기하면 어떻게든 대화가 이어집니다.

날씨 이야기는 너무 식상하다고요?

하지만, 잘 생각해 보세요. 날씨는 인간의 삶에 지대

한 영향을 미치기에 누구나 날씨에는 큰 관심을 기울입니다. 날씨 이야기가 통하지 않는 상대는 없다고 해도 과언이 아닙니다. 유행이나 시의성과도 무관하므로 언제든 꺼내 쓸 수 있는 만능 소재랍니다.

더구나 날씨는 날마다 변합니다. "어제는 그렇게 맑더니, 내일은 비가 온다네요" 하고 과거와 미래의 날씨도 대화 테이블에 올려놓을 수 있습니다. 계절의 변화 또한 좋은 이야깃거리가 되지요.

날씨 이야기를 했다고 해서 심기가 불편해지거나 상처받는 사람도 없습니다.

만인에게 통하는 즐거운 주제이자, 다양하게 응용할 수 있는 소재는 날씨밖에 없는 듯합니다.

그야말로 대화의 물꼬를 트는 정석이라고 할 수 있습니다.

날씨에 관해 이야기하다 보면 어느새 긴장이 풀리고 분위기가 편안해집니다. 그러면 어떤 주제로 이어지든 즐겁게 대화할 수 있습니다.

저는 "상대를 칭찬하라"라는 말을 자주 합니다. 하지만, 만나자마자 대뜸 칭찬부터 하는 것은 어색할뿐더러, 첫눈에 칭찬할 점을 찾아내기도 쉽지 않습니다.

이때, 일단 날씨 이야기를 꺼내면 상대를 관찰할 시간을 벌 수 있습니다.

그리하여 분위기가 무르익어갈 무렵에, "그나저나, 핸드백이 정말 예쁘네요", "오늘 유난히 화사하시네요" 하고 칭찬을 건네는 편이 훨씬 자연스럽고 분위기도 더 좋아질 것입니다.

한편, 이야기가 끊겼을 때 어떤 화제로 전환해야 할지 모르겠다고 하는 사람도 있습니다.

이럴 때 애써 이야깃거리를 찾을 필요는 없습니다. 사랑을 나누면 무언의 시간마저 따뜻하게 느껴질 것이기 때문입니다.

사랑하는 연인들은 서로 바라만 봐도 마냥 행복한 것처럼 말이지요.

간혹, 정적이 길어지면 어색함을 견디지 못하고 누군가의 뒷담화를 시작하는 사람을 보곤 하는데, 그런 나쁜 습관은 당장 버리는 것이 좋습니다.

다른 사람을 헐뜯어봤자 자기 기운만 하강할 뿐입니다.

연예인이나 유명인에 관한 가십도 마찬가지입니다. TV에 나오는 사람도 나와 같은 사람입니다. 예쁘고 멋있다고 칭찬하는 말이라면 얼마든지 해도 좋지만, 헐뜯는 말은 역시나 삼가야 합니다.

다행히 제 주위에는 가십을 즐기는 사람이 없습니다. 함께 어울려 놀기에 바빠서 연예계 뉴스 같은 걸 보고 있을 시간이 없거든요. 하루하루 최선을 다해 즐겁게 살면, 가십에 의존하지 않아도 재미있는 이야깃거리가 넘쳐난 답니다.

어떤 단점도
매력으로 승화시키는 마법

○

성공한 사람은 뛰어난 말솜씨의 소유자일 것이라는 선입견이 있는 듯합니다.

물론 성공한 사람 중에는 자기 생각을 명료하게 전달하고 무엇이든 알기 쉽게 설명하는 달변가도 많습니다.

그러나 말솜씨가 없다고 해서 성공할 수 없는 것은 아닙니다.

말재주가 없어도 크게 성공한 사람이 있는가 하면, 청산유수처럼 말을 잘하는데도 끝내 성공하지 못하는 사람도 있습니다.

여러 번 말하지만, 사랑을 나눌 때 비로소 성공도 하고 행복해지는 것이지, 아무리 말재간이 좋아도 사랑이 없으면 아무 소용 없습니다.

사랑이라는 매력이 없는 사람은 주위에 사람이 머물지 않기에, 한때 성공한 듯 보여도 그것을 유지하기가 어렵습니다.
성공을 지속하기 위한 조건은 사랑입니다.

언제나 밝은 얼굴로 타인은 물론 자신에게도 친절하며, 생색내지 않고 배려할 줄 아는 사람. 그런 사람이 성공하게 돼 있습니다.
상대에게 잘 보이려고 애쓰거나, 어휘력을 늘리고 지식을 쌓는 일 따위는 생각처럼 중요하지 않습니다.
들어주는 사람이 없으면, 풍부한 어휘력도, 머릿속에 가득한 지식도 아무 쓸모가 없습니다.

대화의 핵심은 '사랑'입니다.
사랑을 지닌 매력적인 사람은 평범하고 흔한 단어를 사용해도 큰 울림을 줍니다. 지식이 다소 부족해도 주위에서 무엇이든 알려주니 걱정할 일도 없습니다.

"다른 사람 앞에서는 긴장해서 말이 나오지 않는다". "말주변이 없어서 대화하기가 꺼려진다". "말이 너무 느리다", "말이 너무 빠르다"……. 사람마다 크고 작은 고민 하나쯤은 안고 있기 마련입니다.

하지만, 사랑이 있으면 어떻게든 해결됩니다.

긴장감 때문에 안절부절못해도, 사랑을 품고 최선을 다하면 주위에서 따뜻한 시선으로 지켜봐줄 것입니다. 긴장한다고 미움을 받거나 일이 잘 풀리지 않는 일은 없을 테니, 걱정할 필요 없습니다.

말주변이 없는 것도, 말이 느리거나 빠른 것도 모두 소중한 개성입니다. 단지 다이아몬드 원석처럼 아직 다 듬어지지 않았을 뿐입니다.

울퉁불퉁해서 단점으로밖에 보이지 않는 그 개성은, 사랑으로 연마하면 매끄러운 자태를 드러낼 것입니다. 시간을 들여 더 갈고닦으면, 언젠가는 당신도 유일한 존재를 넘어 빛을 발하는 일류로 거듭날 것입니다.

"평소에는 정말 나긋나긋한데, 가끔 속사포처럼 말이 빨라지는 것이 재미있네요."

"말투가 느긋해서 이야기를 듣고 있으면 마음이 편해져요."

"긴장하는 모습이 순수해 보이고 정이 가요."

이처럼 마냥 싫기만 했던 자신의 단점이 장점으로 받아들여지는 순간이 올 것입니다.

사랑은 그 어떤 결점도 매력으로 승화시키는 마법을 부립니다.

수줍음이 많은 사람은 수줍은 대로, 자기답게 사랑을 표현하면 됩니다. 그렇게밖에 할 수 없고, 그것으로 충분합니다.

'있는 그대로의 내가 좋다'라는 마음가짐으로 개성을 소중히 여기면, 차츰 익숙해져 긴장의 강도 또한 점점 약해질 것입니다. 사람은 연습을 통해 성장합니다. 무엇이든 반복하다 보면 어느새 능숙해지기 마련입니다.

그러니 단점을 억지로 고치려고 애쓰지 않아도 됩니다.

'즐기는 사람'이
즐거운 대화를 할 수 있다

○

'즐거운 대화'는 '즐거운 사람'이 하기에 즐거운 것입니다.

시무룩한 표정으로 "이 이야기 정말 재미있지 않나요?"라고 해봐야, 조금도 재미있지 않습니다. 아무리 말재주가 뛰어나도, 음습하고 칙칙한 기운을 풍기면 상대를 즐겁게 할 수 없습니다.

반대로, 썰렁한 농담도 매력 넘치는 사람이 하면 왠지 재미있는 것 같고, 호감도도 더 높아집니다. 똑같은 말도 '누가' 하느냐에 따라 주위의 반응이 이렇게나 달라진답니다.

이런 사실을 모르니,

"나는 말재주가 없어서 무슨 말을 해도 안 먹힌다"

"사람들이 센스가 없어서 내 말을 못 알아듣는다"

라는 착각을 하는 것입니다.

테크닉이 효과가 없으니 또 다른 테크닉을 익히고, 그래도 효과가 없으니 또다시 테크닉을 공부하고……. 결국 테크닉을 공부하면 할수록 더 큰 좌절을 맛보는 악순환에 빠지게 됩니다.

이 같은 늪에서 빠져나오려면 인생을 즐겨야 합니다. 사랑을 떠올려야 합니다.

즐기려고는 하지 않고, 불만족스러운 현실을 테크닉으로 커버하려는 것은 현명하지 못합니다. 바보가 아닌 이상, 그런 잔재주에 넘어갈 사람은 없습니다.

내가 발산하는 기운은 절대 속일 수 없습니다.

그래서 저는 하루하루를 즐겁게 살아갑니다.

저는 제 입에서 따분한 이야기가 나오는 것이 정말 싫습니다. 내 이야기를 가장 많이 듣는 사람은 바로 나 자신이기에, 재미없는 이야기를 하는 것은 나 자신을 괴롭히는 것 같은 기분이 들기 때문입니다.

그리고 즐거운 삶을 위한 중요한 요소 중 하나가 '취미'라고 생각합니다.

취미가 있으면 인생이 훨씬 풍요로워집니다. 인간관계는 물론 세상이 넓어진답니다.

제 취미는 자동차 여행이지만, 자기가 좋아하는 일이라면 무엇이든 상관없습니다. 장기나 바둑, 술을 즐기는 것도 어엿한 취미가 될 수 있습니다.

여건이 허락된다면, 반려동물을 맞이하는 것도 강력히 추천합니다.

강아지만 봐도 조금만 애정을 쏟으면 금세 정을 붙이고 잘 따릅니다. 꼬리를 흔들며 반가워하고, 애교를 부리며 품으로 파고드는 모습이 정말로 사랑스럽습니다. 힘들고 괴로울 때는 위로가 돼주기도 하지요. 또, 반려동물은 대체로 사람보다 수명이 짧아서 그 생애에 걸쳐 많은 것을 가르쳐줍니다.

그저 단순한 동물이 아닙니다. 넘치는 사랑과 매력을 겸비한, 명실상부 '인생의 동반자'입니다.

곁에 두는 것만으로도 우리의 사랑은 더 커질 것입니다.

오타니 쇼헤이 선수는
어째서 그토록 사랑받을까?

○

　일본뿐 아니라 한국에서도 찐사랑을 받는 최고의 슈퍼스타 중에 메이저리거 오타니 쇼헤이大谷翔平 선수가 있습니다. 전 세계의 팬이 열광하는 모습이 그렇게 자랑스러울 수가 없습니다.

　저는 항상 "요즘 젊은이들은 대단하다"라고 말하는데, 오타니 선수가 그 대표적인 예라고 생각합니다.

　저는 야구팬이 아니라서 야구선수로서의 그를 평가하기는 어렵지만, 방송에서 인터뷰하는 모습을 볼 때마다 그 엄청난 매력에 저도 모르게 탄성을 내뱉곤 합니다. 그가 발산하는 기운은 실로 어마어마합니다.

　오타니 선수가 입술을 살짝 떼기만 해도 사람들은 한

마디라도 놓칠세라 귀를 쫑긋 세웁니다. 그만큼 모두가 그의 이야기를 듣고 싶어 하는 것이지요.

숨죽인 채 귀 기울이고, 진지하게 경청합니다.

이쯤 되면, 오타니 선수야말로 '화술의 달인'이라고 불러 마땅하지 않을까요?

하지만, 자기 생각을 솔직하게 이야기하는 점 말고는 특별히 뛰어난 말솜씨를 지니고 있다고 느껴지지는 않습니다. 그런데도 왠지 마음이 끌려 눈을 뗄 수 없지요.

이것이 바로 매력이 부리는 조화랍니다.

말하는 기술이나 사용하는 어휘의 문제가 아닙니다.

오타니 선수가 지닌 치명적인 매력이 그 비밀입니다. 다른 사람은 도저히 흉내조차 내지 못할 매력적인 기운을 풍기기 때문입니다.

그리고 그 바탕에는 사랑이 있습니다.

물론 야구선수로서의 능력치도 타의 추종을 불허하지만, 그것만으로는 이토록 강력한 매력을 발산하기 어렵다고 생각합니다.

별것 아닌 한마디도, 어마어마한 사랑을 지닌 오타니 선수의 입에서 나오면 사람들은 그것을 보물처럼 여깁니다. 오타니 선수의 말을 토씨 하나 틀리지 않고 따라

한다고 해서 누구나 같은 반응을 얻을 수 있는 것은 아
닙니다.

무엇을 어떻게 말하느냐보다, 누가 말하느냐가 중요
합니다.
화술을 익히는 것도 좋지만, 매력을 능가할 수는 없습
니다.

영상 속 오타니 선수는 언제나 미소 짓고 있습니다.
불쾌한 감정을 드러내는 것을 본 적이 없습니다.
짐작컨대, 보이지 않는 곳에서도 마찬가지일 것입니
다. 카메라 앞에서만 밝게 웃다가 돌아서는 순간 정색하
는 사람에게서는 그토록 매력적인 기운이 나오지 않는
법이니까요.
들은 바에 따르면, 오타니 선수는 팀 동료들로부터도
큰 사랑을 받는 인기남이라고 합니다. 그가 발산하는 기
운을 보면 고개가 끄덕여집니다.
매력적인 사람의 입에서 나오는 말은 언제나 무게감
이 느껴집니다.
말에는 영혼의 힘이 실리기 때문입니다.

사족일지도 모르지만, 한마디 덧붙이자면.

"나는 외모에 자신이 없어서 말솜씨로 이성에게 어필하고 싶다"라고 말하는 사람을 보곤 합니다.

이런 사람들에게 말하고 싶습니다. 지금 당장 그 생각을 버리라고요.

이성에게 인기가 없는 것은 외모 탓이 아닙니다. 비슷한 수준의 외모를 지니고도 연애를 잘만 하는 사람이 얼마든지 있습니다.

사랑이 있어야 이성에게도 매력적인 상대로 느껴집니다.

세상에는 너무 예쁘거나 잘생긴 사람에게 오히려 거부감을 느끼는 사람도 있습니다. 이런 취향의 사람들에게조차 관심받지 못한다는 것은, 역시나 얼굴의 문제가 아니라는 뜻입니다. 원인은 내면에 있습니다.

'밀당'도 불필요합니다. 그런 건 사랑을 모르는 매력 없는 사람이나 하는 것이지, 진짜 매력적인 사람은 밀당 같은 건 할 필요조차 느끼지 않는답니다.

"

무엇을 어떻게 말하느냐보다
누가 말하느냐가 중요합니다.
매력적인 사람의 입에서 나오는 말은
언제나 무게감이 느껴집니다.
말에는 영혼의 힘이 실리기 때문입니다.

"

잔소리, 라떼 이야기, 자화자찬도
환영받도록 말한다

○

얼마 전 제자가 TV를 보고 있었는데, 다카다 준지高田
純次라는 원로 배우가 나와서 이렇게 이야기하더랍니다.

"나이 들어서 절대 하지 말아야 할 것은 잔소리, 무용
담, 자화자찬이다. 그런데 이 세 가지를 빼면, 남는 건 야
한 이야기뿐이다."

저는 야한 농담은 하지 않지만, 다카다 씨의 말이 무
척 흥미롭게 느껴졌습니다.

술집에 가면 거나하게 취한 나이 든 사람이 젊은 사
람을 붙잡고 설교를 늘어놓거나, 젊은 시절 이야기를 자
랑스럽게 떠벌리는 모습을 보곤 하는데, 역시나 도가 지
나쳐서 좋은 것은 없는 듯합니다.

그런데도 나이가 들어갈수록 주야장천 이런 이야기만 하는 사람이 있지요.

그렇다면 이런 이야기는 절대 하지 말아야 하는 걸까요? 저는 말하기 나름이라고 생각합니다. 잔소리, 무용담, 자화자찬이 꼭 나쁜 것은 아닙니다.

이것이 환영받지 못하는 것은 말하는 사람에게 사랑이 없기 때문입니다.

사이토 히토리라면 이런 류의 이야기를 해도 미움받지 않을 것입니다. 오히려 도움이 되는 이야기라며 더 듣고 싶어 할지도 모릅니다.

제 어린 시절 이야기도 무용담에 가깝지만, 다들 무척 재밌어하며 더 듣고 싶어 합니다.

저의 또 다른 남자 제자는 아주 오래전 온천이 딸린 숙박시설에 묵었다가 실수로 여탕에 들어가서 큰 소동이 벌어진 적이 있다고 합니다. 이 제자에게는 이것 말고도 재미있는 일화가 무척 많은데, 이런 이야기를 듣고 기분 나빠하는 사람은 본 적이 없으며, 그의 강연회에서도 '라떼 이야기'가 가장 인기랍니다.

또, 제 제자들은 자기 자랑을 하고 싶을 때면, 처음부터 "이건 제 자랑입니다만" 하고 운을 뗀답니다.

자기 자랑을 자랑이 아닌 것처럼 포장하니 거부감이 드는 것입니다. 당당하게 자랑이라고 밝히면, 그 소탈함에 오히려 호감도가 상승합니다. 싫어하기는커녕, 친근감을 느끼고 즐거워합니다.

저도 좋아하는 사람의 자기 자랑은 얼마든지 들을 수 있습니다. 그러니 머뭇거릴 필요 없습니다. 혹시라도 자랑이 멈추지 않는다면, "인제 그만~"하고 제동을 걸면 그만입니다.

이렇게 편하게 이야기할 수 있는 관계야말로 진정한 친구 사이가 아닐까요?

저는 어떤 말을 하든 거기에 사랑을 담습니다. '이 이야기를 하면 모두가 즐거워하겠지?', '상대에게 도움이 되는 이야기이니 가르쳐줘야겠다'라고 생각합니다.

언제나 상대의 기분과 입장을 배려하기에, 설령 제 자랑을 하더라도 그것을 자아도취로 받아들이는 사람은 없습니다. 잔소리를 해도 싫어하지 않으며, 무용담조차 흥미진진하게 듣습니다.

결국 듣는 사람이 거북하게 여기는 것은 말하는 사람에게 매력이 없기 때문입니다.

설교나 잔소리는 어떨까요? 제게 "누군가에게 주의를 줄 때 어떻게 하시나요?"라는 질문을 사람이 많습니다.

그런데 저는 기본적으로 잔소리를 잘 하지 않습니다.

그저 가만히 지켜보고 있다가, 잘못을 일깨워줄 필요가 있다고 느껴질 때는 "그거 그만하는 게 좋겠네~"라고 한마디만 합니다. 그마저도 나긋한 말투로 말이지요.

덕분에 상대는 질책이나 주의를 받았다는 느낌을 조금도 받지 못하지만, 그 효과는 발군입니다. 한마디 넌지시 건넸을 뿐인데, 그 즉시 뜻을 이해하고 행동을 바로잡는답니다. 정말 신기하지 않나요?

'피하고 싶은 직장 상사'의 대표적인 유형으로는 잔소리를 하염없이 늘어놓거나 같은 말을 반복하는 사람을 꼽을 수 있습니다.

그런데, 본인은 정말로 저런 방식이 효과가 있다고 생각하는 걸까요?

듣기 싫은 말을 되풀이해 봐야 미움만 살 뿐입니다.

말에 감정을 실으면 부하직원의 사기가 꺾입니다. 정작 개선해야 할 점은 전달되지 않고 반발심만 싹틉니다.

높은 자리에 있는 사람은 이 점을 꼭 기억하고, '매력적인 사람'이 되도록 노력해야 합니다. 길게 말하지 않아도, 매력 넘치는 상사의 말은 척하면 착하고 알아들을 것입니다.

웃기려고 하지 않아도
웃음 폭탄이 터진다

○

저는 틀에 얽매이는 것을 싫어합니다. 진지한 것도, 폼 잡는 것도 질색이랍니다. 재미있는 공상으로 머릿속을 가득 채운 채 자유분방하고 홀가분한 인생을 즐기고 있습니다.

그런데 가끔 제 딴에는 머릿속으로만 떠올렸다고 생각했던 말들이 입 밖으로 불쑥 튀어나올 때가 있습니다.

그럴 때마다 주위 사람들은 제 유머 감각이 대단하다며 웃음을 터뜨립니다.

딱히 웃기려는 의도가 있었던 것도 아닌데, 제자들은 "농담을 개발하는 방법을 알려달라", "농담을 던지는 최적의 타이밍을 알려달라"라며 저를 채근합니다.

제 이야기에 사람들이 웃음 짓고 즐거워하는 모습을 보는 것은 저도 무척 기쁩니다. 제자들에게도 무엇이든 가르쳐주고야 싶지요.

하지만 일부러 웃기려고 한 것도 아니고, 노력해서 재미있는 말을 만들어낸 것도 아니라서 참 난감합니다. 당연히 타이밍을 계산한 적도 없고요.

머릿속에 떠오른 말이 나도 모르게 툭 튀어나온 것뿐이랍니다.

그런데도 사람들이 웃음을 터뜨리는 것을 보면, 제 머릿속이 온통 재미있는 생각으로 가득하기는 한가 봅니다.

언제나 즐거운 마음으로 살며 신나는 일만 하고, 머릿속까지도 웃음으로 가득하니 입에서 나오는 말도 재미있을 수밖에요.

그래서 의도하지 않아도 대화가 절로 즐거워지는 것 같습니다. 정작 본인은 농담하고 있다는 감각조차 없는데도 말이지요.

모름지기 농담은 때와 장소를 가려야 하는 법입니다.

요리에 비유하자면 조미료와 같아서, 잘만 사용하면

일류 셰프의 요리처럼 맛있어지지만, '원재료와의 궁합'이나 '적절한 양'을 찾기가 의외로 까다롭습니다.

웃기고 싶어서 의도적으로 농담을 할 때는 완급 조절에 매우 주의해야 합니다. 농담의 내용이나 타이밍이 어긋나면 오히려 분위기가 썰렁해질뿐더러, 경우에 따라서는 상대에게 불쾌함을 줄 가능성마저 있기 때문입니다.

하지만, 사랑이 있으면 이런 걱정은 내려놓아도 됩니다.

어떤 농담이든 최적의 타이밍에 튀어나올 뿐 아니라, 불발로 끝나는 일도 없을 테니까요. 눈치 보거나 계산하지 않아도 웃음 폭탄은 반드시 터질 것입니다.

제 6 장

사랑의 대화법으로

부자의 운이 트인다

마음은 접힌 자국대로
또 접히는 종이와 같다

○

저는 지금까지 다른 사람에게 고민을 상담한 적이 없습니다. 살면서 한 번쯤은 할 법한데, 적어도 제 기억에는 없습니다.

사실 저는 고민 자체를 잘 하지 않습니다. 그렇다고 해서 제 인생에 풍파가 없었던 것은 아닙니다.

허약하게 태어나 지겨울 만큼 크고 작은 병치레를 되풀이했으며, 직원 다섯 명의 작은 회사를 일궈 일본 최고 납세자가 된 후에는 터무니없는 비난에 시달리기도 했습니다.

성인군자도 아니고, 저도 이런 일을 겪으면 괴롭고 슬프고 분한 감정이 올라옵니다. 저 역시 인간이 느끼는 모든 감정을 느낀답니다. 아니, 어쩌면 보통 사람보다 훨씬 더 격한 희로애락을 느끼는지도 모릅니다.

남과 다른 점이 있다면, 어두운 감정이 꿈틀대다가도 이내 잠잠해진다는 것입니다.

보통 사람 같으면 한동안 끙끙대고 힘들어할 문제가 생겨도, 저는 단번에 마음을 바꿔 먹습니다. 고민으로 발전하기 전에, '별수 없지', '이런 일도 있는 거지' 하고 털어버립니다. 아무리 심각한 일이 생겨도 그야말로 1분도 채 되지 않아서 껄껄 웃어버리니, 주위 사람들이 "이런 상황에서 웃다니, 어떻게 된 것 아니야?" 하고 어이없어 할 정도랍니다.

애써 태연한 척하는 것이 아닙니다. 매 순간 나 자신을 즐겁게 하는 일에만 집중하기에, '즐거운 나'로 있는 것이 제게는 기본값일 뿐입니다.

종이를 꾹꾹 눌러 접으면, 다시 펼쳐도 접힌 상태로 돌아가려 하지요? 제게는 '밝음'과 '즐거움'이 접힌 상태와 같아서, 힘든 일 때문에 잠시 갈피를 잡지 못하더라도 금세 밝고 즐거운 상태로 돌아옵니다. 그래서 아무리 나쁜 일이 생겨도 부정적인 감정에 잠식당하지 않습니다.

믿기 어려울지 모르겠지만, 저는 정말로 그런 사람입니다.

이토록 밝디밝은 사람이라서인지, 그저 제 감정을 있는 그대로 표현할 뿐인데도 언제나 생각 이상으로 그것이 잘 전달됩니다.

고맙다고 말하면 상대의 얼굴에 웃음이 번지면서 사랑과 행복으로 가득 찬 표정으로 바뀌고, 진심을 담아 미안하다고 말하면 따뜻한 미소로 용서해 줍니다.

"당신은 참 좋은 사람이네요", "언제나 웃는 얼굴이 보기 좋아요" 하고 칭찬을 건네면, 듣는 사람이 그렇게 기뻐할 수 없습니다. 별것 아닌 이 한마디에 감격해 눈물을 흘리기도 한답니다.

표면적인 의미가 아닌, 말 속에 담긴 '사랑'을 이해했기 때문일 테지요. 그래서 제 말이 상대의 마음에 스며들었던 것이라고 생각합니다.

사랑이 있으면 꾸밈없이 이야기해도 상대의 가슴을 울립니다.

'어떻게 말해야 상대에게 잘 전달될까?'라는 고민은 해본 적도 없고 할 필요도 없으니, 이보다 편할 수가 없답니다.

본인의 마음에서 나온 대답이
정답이다

○

앞서 이야기한 것처럼, 저는 누군가에게 고민 상담을 부탁한 적이 없습니다.

하지만 어떤 연유에서인지, 상담을 부탁받은 적은 무수히 많습니다. 그때마다 진심을 다해 조언했고, 다행히 "덕분에 고민이 해결됐다"라는 이야기도 많이 들었답니다.

이 같은 풍부한 경험을 통해 '누구와 상담하는 것이 가장 좋은지'에 관해 누구보다 잘 알게 됐습니다.

여러분의 짐작과 달리, 저는 그 '누구'가 아닙니다. 가족이나 친구 같은 주위의 소중한 사람도 아닙니다.

고민이 생겼을 때는 '자기 자신'과 의논하는 것이 가

장 좋은 방법입니다.

물론 다른 사람과 상담하는 것이 잘못은 아닙니다.

나와 다른 의견은 대체로 참고할 만하기에, 다양한 관점의 조언을 듣는 것은 유익합니다. 주위에 의논할 상대가 있다면 지혜를 빌리는 것도 좋다고 생각합니다.

다만, 다른 사람의 의견을 듣는 것만으로는 문제를 해결하기 어렵습니다. 반드시 '스스로 생각하는' 과정이 필요합니다. 이 부분이 정말 중요합니다.

다른 사람과 의논해도 좋은 해답을 얻지 못하는 경우가 적지 않습니다. 왜냐하면, 내 문제를 나보다 더 진심으로 고민해 주는 사람은 없기 때문입니다.

나에 관해 누구보다 진지하게 생각하는 사람은 바로 나 자신이며, 나보다 내 입장을 더 잘 이해하는 사람도 없습니다. 내 마음을 온종일 들여다볼 수 있는 것도 나뿐입니다.

아시겠저요? 나 자신보다 든든한 아군은 이 세상에 없습니다.

나의 성격과 가치관, 내가 무엇을 좋아하고 무엇을 싫

어하는지를 나 자신은 알고 있습니다. 좀 더 정확히 말하면, 나에 관한 모든 것을 알지 못하더라도, 적어도 다른 사람보다는 훨씬 더 많은 것을 알고 있지요.

그 모든 것을 고려해 진심으로 고민해 줄 수 있는 사람은 이 세상에 오직 하나, 자기 자신뿐입니다. 다른 사람은 절대 나처럼 할 수 없습니다.

어떤 어려운 문제든 스스로 고민하는 것이 가장 좋은 방법이며, 스스로 도출한 답이 자신에게는 정답입니다. 다른 사람은 그보다 더 좋은 해결책을 내놓을 수 없습니다.

제가 드리는 조언 또한, 그것만으로 여러분의 문제를 해결할 수는 없습니다.

어디까지나 '사이토 히토리라면 이렇게 할 것이다'라는 하나의 의견에 불과하므로, 자기에게 맞게 응용하거나 취사선택할 필요가 있습니다.

'스스로 생각하는 힘' 없이는 자신의 인생을 바꿀 수 없습니다.

> **"**
> 내 문제를 진심으로 고민해 줄 수 있는 사람은
> 이 세상에 오직 하나, 자기 자신뿐입니다.
> '스스로 생각하는 힘' 없이는
> 자신의 인생을 바꿀 수 없습니다.
> **"**

부자는 실패가 없다

○

"자기 실패담을 웃으며 이야기할 수 있는 사람은 강인하다."

우리는 종종 이런 말을 듣곤 합니다. 이 말처럼 자기 흑역사를 웃으며 이야기하는 사람은 왠지 호감이 가고 쿨하게 느껴집니다.

그런데, 저는 실패를 겪어보지 않아서 웃으며 이야기할 실패담이 없답니다.

물론 일이 뜻대로 풀리지 않는 경우는 있지만, 그것을 실패로 여기지 않습니다.

어떤 시도를 했다가 원하는 결과에 이르지 못하면, 적어도 내가 시도한 방법이 틀렸다는 것은 알게 됩니다.

이처럼 실패는 '다음에는 이렇게 해보자' 하고 성공을 향해 재도약하는 발판이 됩니다. 실패 덕분에 성공에 가까워지는 중요한 깨달음을 얻는 것이지요.

실패라는 이름의 '성공체험'을 거듭하다 보면 어느새 목적지에 도달하게 돼 있습니다. 그래서 저는 모든 체험을 성공으로 여깁니다.

저는 100% 즐거움으로 채워진 사람이라서, 설사 실패한다 하더라도 그 또한 즐거움으로 받아들일 것입니다. 물론 성공은 성공대로 당연히 즐겁겠지요. 성공하든 하지 못하든 즐거울 것이기에, 제 인생에 후회란 없습니다.

살다 보면 이런 일도 있고 저런 일도 있기 마련인데, 실패한 일만 기억하면 자기만 손해입니다.

실패의 기운으로 자신을 채우면, 다시 도전해도 실패하기 마련입니다. 그렇게 실패의 기운이 쌓여가면 성공은 더욱더 요원해집니다.

내 인생이 이렇게 된다고 상상만 해도 끔찍하지 않나요?

우리는 다양한 체험을 통해 영혼을 갈고닦기 위해 이

세상에 왔습니다. 우리가 하는 도전에 잘못이란 있을 수
없으며, 어떤 경험이든 즐기면 행복해질 수 있습니다.

이 말은 곧, 즐기지 않으면 성공은 꿈조차 꿀 수 없다
는 뜻이기도 합니다.

사실 당신의 영혼은 이미 이 같은 사실을 알고 있습
니다.

하지만, 실패하면 꾸지람을 듣고 잘못을 용서받지 못
하는 환경에서 자라는 동안 자기 자신을 탓하는 습관이
들어버린 것입니다.

이런 습관을 버리지 않으면 실패의 악순환을 끊을 수
없습니다. 무언가 잘못 돌아가고 있다는 사실을 눈치채
야 합니다.

내가 나를 얼마나 사랑하는지 기억해 내, 매력적인 사
람으로 거듭나길 바랍니다.

아이가 귀 기울일 때까지
노력한다

○

어느 부모로부터, "아이가 도통 말을 듣지 않는데, 어떻게 해야 말이 좀 통할까요?"라는 질문을 받은 적이 있습니다.

이런 질문을 하는 이유는 부모 자녀 관계를 너무 어렵게 생각하기 때문입니다.

부모는 부모로서 하고 싶은 말을 하면 됩니다.

자녀도 자녀 입장에서 하고 싶은 말을 하면 됩니다.

부모 자녀 사이에 이것저것 따질 필요가 있을까요? 그저 자기 생각을 솔직하게 털어놓으면 됩니다. 다른 사람이었다면 용서하기 어려운 일도 부모 자녀 사이에서는 문제가 되지 않습니다.

물론 폭력적인 언어를 사용하는 것은 예외입니다. 아무리 가까운 사이라고 해도 상처 입히는 말을 해도 된다는 법은 없습니다.

이런 기본만 잘 지킨다면, "부모님 말씀을 잘 들어야지"라는 정도의 말은 얼마든지 해도 괜찮습니다.

그래도 아이가 말을 듣지 않는다면, 그것은 부모의 이야기가 따분하기 때문일 것입니다.

어른도 재미없는 이야기는 듣기 어려운데, 어린아이가 잘 들어주기를 기대하는 것은 지나친 욕심입니다.

입장을 바꿔, '내가 같은 이야기를 듣는다면 어떨지'를 생각해 보는 것도 좋은 방법입니다.

'내가 들어도 역시나 지루할 것 같다'라고 생각된다면, 아이가 귀 기울이게 할 만한 아이디어를 찾는 수밖에 없습니다.

만약 저라면, 게임 공략법을 찾아낸다는 마음가짐으로 '아이의 호기심을 자극할 만한 이야기 방법'을 연구할 것 같습니다. 그 과정 자체를 즐기는 것이지요.

이는 제 주전공 분야이기도 해서, 잔소리마저 귀 기울이게 하는 방법을 찾아낼 자신이 있답니다.

그리고 하나 더. 앞에서도 이야기했지만, 아이가 하기

싫어하는 일만큼은 강요하지 말아야 합니다.

"공부해라", "숙제해라" 하고 입 아프게 잔소리를 해대는 부모가 있습니다만, 말이야 쉽지요. 부모야 말만 하면 되니 어려울 것이 없습니다.

하지만, 듣는 아이는 괴로울 따름입니다.

더구나 공부를 싫어하는 아이라면 책상을 마주하는 시간이 지옥 그 자체입니다. 엄살이 아니라 정말이라니까요.

그런데도 온종일 공부하라고 다그치는 것은 아동학대나 다름없습니다. 물리적인 폭력만큼이나 아이를 고통스럽게 하는 일이라는 사실을 기억하길 바랍니다.

시대의 흐름에 따라
상식도 바뀐다

○

"우리 아이도 히토리 씨처럼 책을 많이 읽었으면 좋 겠어요"라고 말하는 부모도 많습니다. 정작 아이 본인은 책에 전혀 관심이 없는데도 말이지요.

이 때문에 많은 부모가 골머리를 앓는데, 실은 이 같 은 고민의 진짜 이유는 부모의 좁은 시야입니다. 기존 상 식에 지나치게 얽매여 있는 것입니다.

배움은 학교에 다니거나 책을 읽어야만 얻어지는 것 이 아닙니다. 교과서나 책 대신 유튜브를 보면서도 얼마 든지 지식을 쌓을 수 있습니다.

독서를 좋아하게 만들려면, 아이가 읽고 싶어 할 만한 책을 찾아줘야 합니다. 못 읽게 하면 난리를 피울 정도로 좋아하는 책을 쥐여주는 것이지요.

하지만, 부모가 자녀에게 읽히고 싶어 하는 책은 대체로 재미가 없습니다.

그러니 아이가 책을 거부하는 것도 당연합니다. 재미없는 책을 억지로 읽으라고 하니 싫어질 수밖에요.

게임을 좋아하는 아이에게 게임공략서를 사주면 흠뻑 빠져들 것입니다.

게임 공략법에 관한 책도 그 분야의 전문가가 심혈을 기울여 집필한 귀한 내용이 담겨 있습니다. 공략법은 물론 다양한 용어와 표현도 배울 수 있으니, 읽으면 당연히 큰 공부가 됩니다.

게임 자체도 아이가 원하는 만큼 하게 해도 괜찮습니다. 게임을 통해 배우는 것도 있기에 무조건 금지할 필요는 없습니다.

최근 출판업계의 불황을 보면 알 수 있듯이, 이제는 책의 존재 자체가 위협받는 시대가 됐습니다. 책을 읽는 사람들도 종이책보다는 전자책을 선호하는 경향을 보입니다.

이처럼 우리 생활에서 컴퓨터나 스마트폰이 차지하는 비중이 늘어나고 있는 것이 현실이라면, 게임을 하면서 IT 기기와 익숙해지는 것이 나쁘다고만은 할 수 없을 것입니다.

시대가 변하면 상식도 바뀝니다. 부모의 사고방식도 시대의 흐름에 맞춰 유연하게 달라질 필요가 있습니다.

마지못해서 하는 일은 아무리 많은 시간과 노력을 쏟아도 그에 걸맞은 성과를 얻기 어렵습니다. 겨우겨우 평균 수준에 도달할 수 있을지는 몰라도, 그것이 자신의 특기가 될 수는 없습니다.

한 분야에서 두각을 나타낸 사람들은 입을 모아 '좋아하는 일'을 열심히 하다 보니 그 자리에 가게 됐다고 이야기합니다.

좋아하는 일은 아무리 많이 해도 질리거나 지치지 않습니다. 좋아하지 않으면 빠져들 수 없고, 꾸준히 열정을 쏟을 수도 없습니다.

대화란
팔씨름과 같은 것

O

   '하지만', '그런데'라는 말을 습관처럼 하는 사람이 있습니다. 대수롭지 않게 느껴질지 모르지만, 이런 말을 많이 하는 사람은 살면서 손해 볼 가능성이 큽니다.

   이런 말들 다음에는 변명이나 상대의 말을 부정하는 말이 주로 오기 때문에 상대에게 좋지 않은 인상을 줍니다.

   사람에 따라서는 '하지만', '그런데'를 듣는 순간 부정적인 말이 나올 것을 직감하고 방어 태세를 취하거나 위축되기도 합니다.

   물론 가까운 사람과 허물없이 이야기하다, "그치만~" 하고 가볍게 받아치는 정도야 문제 될 것이 없지요. 이런 말이 무조건 안 된다는 뜻이 아닙니다.

그렇다고는 해도 저는 '하지만', '그런데'를 되도록 사용하지 않습니다. 상대의 말을 반박하고 싶더라도, "그건 그렇지요. 그리고 이런 이야기도 들었는데……" 하고 먼저 긍정하는 말로 시작합니다.

이렇게 하는 편이 훨씬 좋은 인상을 줄 수 있습니다.

의식하지 않아도, 어쩐지 제 입에서는 '하지만', '그런데'가 나오지 않습니다.

이 또한 제 안의 사랑이 그렇게 하라고 시키기 때문인 듯합니다. 사랑이 있으면 일일이 신경 쓰지 않아도 자연스럽게 적절한 말을 선택하게 됩니다.

반대로, 상대가 '하지만', '그런데'를 연발하는 경우도 있을 것입니다.

안타깝게도, 그 이유는 당신의 이야기가 재미없기 때문입니다.

재미있는 이야기에는 나도 모르게 빠져듭니다. 일단 경청모드에 돌입하면, '하지만', '그런데'라는 말로 상대의 이야기에 끼어들 틈이 없습니다.

그러니 매력도를 높이기 바랍니다. 사랑을 발산하면서 좋은 분위기를 만드는 것이 최선입니다.

대화는 팔씨름과도 같습니다.

팔씨름은 상대와 손을 맞잡는 순간 이미 승부가 판가름 납니다. 시작을 알리는 종이 울림과 동시에 손으로 전달되는 힘으로 상대의 실력을 가늠할 수 있지요.

대화도 이와 마찬가지로, 몇 마디만 나눠봐도 상대가 나보다 상수인지 하수인지 바로 알 수 있습니다.

이때 하수라는 인상을 주면, 대화의 주도권을 빼앗겨 말 한마디 못 하거나, '하지만', '그런데'로 시종일관 반박 당하기 일쑤입니다.

저는 다른 사람과 말씨름을 한 적이 단 한 번도 없습니다. 제가 하는 말을 부정당한 적도 없고요. 어린 시절부터 줄곧 그랬습니다.

사랑을 주면 상대는 귀를 활짝 열고 내 이야기를 들어주며, "당신과 함께 있으면 즐겁다", "당신이 하는 이야기가 가장 재미있다"라고 말해줍니다.

사랑을 나누세요. 그러면 더는 대화 때문에 고민할 일이 없을 것입니다.

부자는 대화에 끼지 않아도
고립되지 않는다

○

여러 사람이 모였을 때 나만 모르는 이야기가 오가는 상황을 한 번쯤은 겪어봤을 것입니다. 이럴 때 여러분은 어떻게 하시나요?

대부분의 사람은 대화에 끼지 못해 소외감을 느끼거나, 왕따를 당했다며 분통을 터뜨립니다.

제가 좀 유별난 것인지 모르겠지만, 저는 소외감을 느끼기는커녕, '오호~ 그렇구나!' 하고 흥미로워하며 듣기에 집중합니다.

잘 모르는 이야기는 재미없다고요? 글쎄요. 생각하기에 따라서는 새로운 지식을 쌓을 기회로 받아들일 수도 있지 않을까요? 이렇게 생각하면 이보다 더 재미있는 일도 없답니다.

저는 외톨이가 됐다는 생각은 하지도 않을뿐더러, 사람들이 언제나 제 이야기만 들으려고 하다 보니, 때로는 듣는 입장이 되는 것이 오히려 즐겁습니다.

물론 저도 싫은 사람의 이야기는 듣고 싶지 않습니다. 단 1초도 아까워요.

그래서 오로지 사랑을 아는 사람들하고만 어울립니다. 제 주위에는 언제 봐도 좋은 사람뿐이랍니다.

그들의 이야기에는 저절로 관심이 가기에 어떤 이야기든 즐겁게 들을 수 있습니다.

좋은 사람들이 모이면 누군가를 소외시키는 일 자체가 일어나지 않습니다.

사랑을 아는 사람들은 분위기에 섞이지 못하는 사람을 발견하면 다가가 말을 걸고 자연스럽게 어울리도록 손을 내미니까요.

이런 배려가 없다는 것은 당신이 사랑 없는 사람들과 함께하고 있다는 뜻입니다. 속상해하는 것도 당연합니다.

사랑이 없는 사람과는 멀찍이 떨어지는 것이 최선입니다. 비즈니스 관계에 있는 사람이라면 더 그렇습니다.

예전에, "거래처의 높은 사람이 까탈스러워서 골치가 아픕니다. 어떻게든 잘 다독여서 계약을 성사하고 싶은데, 히토리 님이라면 이럴 때 어떻게 하시겠나요?"라고 묻는 사람이 있었습니다.

사실 저는 처음부터 이런 고민이 생길 만한 상황을 만들지 않습니다.

싫은 사람과는 아예 상종하지 않으니까요. 어째서 골치 아픈 사람과 함께 일해야 하나요?

저는 인생을 즐기고 싶습니다. 웃으며 일하면서 오래오래 성공 가도를 걷고 싶어요.

사랑을 모르는 상대와 계약을 맺는 데 성공한다 해도, 처음에만 잠시 좋을 뿐, 언젠가는 문제가 생길 가능성이 큽니다.

상대의 비위를 맞춰 계약이 성사돼도, 언제든 심사가 틀어지면 어깃장을 놓고 몽니를 부릴 테지요.

여차하면 계약을 해지하겠다고 으름장을 놓거나, 돌연 뒤통수를 칠지도 모릅니다.

이런 불안감을 안은 채 관계를 지속하는 것은 지옥이나 다름없습니다. 저는 상상조차 하기 싫습니다.

싫은 사람에게 일감을 구걸할 바에야, 맨땅에 헤딩하

더라도 제 매력으로 승부를 걸 것입니다.

사랑을 한껏 발산하며 나와 거래하고 싶어 하는 사람을 소중히 대하면 사업은 반드시 성공합니다. 저는 실제로 이렇게 해서 일본 최고 납세자가 될 수 있었답니다.

"

좋은 사람들이 모이면

누군가를 소외시키는 일 자체가

일어나지 않습니다.

사랑이 없는 사람과는

멀찍이 떨어지는 것이 최선입니다.

"

좋은 사람으로 보이려고
너무 애쓰지 말라

○

누군가 나에게 말을 걸어주면 반갑기 마련입니다. 특히 홀로 쓸쓸하게 있을 때 다정하게 말을 걸어오면 마음이 따뜻해지지요.

그러니 회사에서든 학교에서든 사람들과 어울리지 못해서 힘들어하는 사람이 있다면 먼저 다가가 주세요. "오늘 날씨가 참 좋네요" 하고 가볍게 날씨 이야기라도 건네면 어색함도 금세 풀릴 것입니다.

단, 오해하면 안 됩니다.

회식이나 술자리에서 혼자 있는 사람에게 '호의를 베풀 기회다!' 하고 작심하고 다가가는 것과는 전혀 다른 이야기입니다.

아무나 말을 건다고 반가운 것이 아닙니다. 이 점을 착각하지 말아야 합니다.

다른 꿍꿍이를 품고 다가오는 사람은 오히려 성가실 따름입니다. 이런 뒤틀린 속내는 금세 들킬 수밖에 없습니다. 생색내는 태도는 숨길 수가 없기 때문입니다.

어디까지나 사랑이 먼저입니다.

사랑을 나누면 인생은 저절로 풀리게 돼 있습니다. 잔머리를 굴리지 않아도, 사랑이 있는 사람은 탄탄대로를 걸을 것입니다.

더불어, 외모에도 조금은 신경을 쓰는 것이 좋습니다. 큰돈이나 노력이 드는 것도 아니랍니다.

다른 사람에게 불쾌감을 주지 않을 정도의 단정하고 깔끔한 매무새, 즉 '정갈함'이 중요합니다.

깨끗하게 빨아서 잘 다린 옷을 입고, 반짝반짝 윤이 나는 구두를 신습니다. 양말에 구멍이 났다면 꿰매야겠지요. 헤어스타일도 지저분하게 보이지 않을 정도로 정돈하면 충분합니다.

신은 정갈함을 좋아합니다. 때 묻지 않은 마음, 구석구석 깨끗하게 청소된 방, 흐트러지지 않은 매무새를 좋아합니다.

작은 얼굴, 또렷한 눈매와 같은 생김새를 뜻하는 것이
아닙니다. 단정함, 깨끗함, 그리고 사람을 흐뭇하게 하는
배려심이 있으면 됩니다.

이런 사람은 사람들 사이에서도 사랑받지만, 신을 기
쁘게 해서 기운이 상승합니다. 덕분에 '사회적 성공', '인
생의 좋은 동반자'와 같은 갖가지 선물을 받게 되지요.

같은 맥락에서, 밝고 화사한 색의 옷과 반짝반짝 빛나
는 액세서리에도 도전해 보세요.

제 제자들은 남녀불문하고 하나같이 패셔너블하답니
다. 언제나 보기 좋게 꾸미고 다니지요. 물론 자기만족을
위한 것이기도 하지만, 그것이 전부는 아닙니다.

보는 사람의 눈을 즐겁게 하기 위해, 그리고 밝은 기
운을 발산해 신을 기쁘게 하기 위해서입니다. 전방위적
인 사랑이 그 바탕에 있는 것입니다.

덕분에 제 제자들 또한 사람들로부터 큰 사랑을 받으
며 저마다 성공해 부를 누리고 있답니다.

좋은 사람으로 보이려고 애쓰거나, 환심을 얻으려고
잔재주를 부리지 않아도 됩니다.

오직 하나, 사랑만 있으면 크나큰 행복이 저절로 찾아
옵니다.

'매력 일류'가 되면 당신의 운은 하늘 높이 치솟을 것
입니다.

지금까지 이야기한 것처럼,

기적과 기회를 붙잡을 수 있는 '듣는 방법, 말하는 방
법'이 있다면,

사랑을 담아 듣고, 사랑을 담아 말하는 것이

전부입니다.

미소 띤 얼굴로 밝은 기운을 발산하는 것.

이보다 더 좋은 '부자의 운이 커지는 비결'은 없으며,

행복과 성공을 손에 넣는 최고의 지름길입니다.

빛을 잃지 않는 사랑을 잘 간직하면

유일무이한 존재이자 매력 넘치는 일류로서
행복하고 즐겁게 살아갈 수 있습니다.
　가볍고 편안한 마음으로 주위 사람과 좋은 관계를 맺
을 수 있습니다.

　당신의 인생이 더 좋아지도록,
　저의 인생도 더 좋아지도록,
　오늘도 내일도 사랑을 나눕시다.

　이 세상도 우리의 삶도 점점 더 좋아질 것입니다.
　미래는 밝습니다.

　끝까지 읽어주셔서 고맙습니다.
　저는 이토록 멋진 당신이 정말 정말 좋습니다.

사이토 히토리

사이토 히토리 斎藤一人

'긴자마루칸'(일본한방연구소)을 설립한 사업가. 1993년부
터 12년간 일본 고액납세자순위 10위 안에 매년 이름을 올
린 유일한 인물로, 2003년에는 누적 납세액 일본 1위, 누계
납세액 공시가 폐지되는 2006년까지 총 173억 엔이라는 전
대미문의 납세 기록을 세웠다. 토지 매각이나 주식 공개 등
에 따른 고액 납세자가 다수를 차지한 가운데, 전액 사업소
득에 의한 납세라는 점 또한 이색적이다. 저서로는《사이토
히토리의 1퍼센트 부자의 법칙》,《부자의 운》,《부자의 행동
습관》,《부자의 인간관계》,《돈의 진리》,《부자의 그릇》등이
있다.

김은선 옮긴이

동국대학교에서 국어국문학을 전공하고, 이화여자대학교
통번역대학원을 졸업했다. 현재 일본어 전문 번역가로 활
동하고 있다. 옮긴 책으로는《행복을 끌어당기는 뇌과학》,
《마흔이 넘으면 쉬워질 줄 알았는데》,《불안하다고 불안해
하지 말아요》,《경영학 수업》,《의욕의 스위치》,《있는 그대
로, 지금 이대로》등이 있다.

사이토 히토리
1% 부자의 대화법

초판 1쇄 2024년 6월 28일
초판 2쇄 2024년 7월 17일

지은이 사이토 히토리
옮긴이 김은선
펴낸이 허연
편집장 유승현 **편집3팀장** 김민보

책임편집 김민보
마케팅 김성현 한동우 구민지
경영지원 김민화 오나리
디자인 김보현 한사랑

펴낸곳 매경출판㈜
등록 2003년 4월 24일(No. 2-3759)
주소 (04557) 서울시 중구 충무로 2(필동1가) 매일경제 별간 2층 매경출판㈜
홈페이지 www.mkpublish.com **스마트스토어** smartstore.naver.com/mkpublish
페이스북 @maekyungpublishing **인스타그램** @mkpublishing
전화 02)2000-2632(기획편집) 02)2000-2646(마케팅) 02)2000-2606(구입 문의)
팩스 02)2000-2609 **이메일** publish@mkpublish.co.kr
인쇄·제본 ㈜M-print 031)8071-0961
ISBN 979-11-6484-691-7(03320)